Warum haben Sie keinen Fernseher, Herr Luhmann?

Wolfgang Hagen (Hg.)

Warum haben Sie keinen Fernseher, Herr Luhmann?

Letzte Gespräche mit Niklas Luhmann

Dirk Baecker

Norbert Bolz

Wolfgang Hagen

Alexander Kluge

Kulturverlag Kadmos Berlin

Inhalt

Vorwort

In dem Satz »Bilder lügen nicht« liegt vermutlich eine der produktivsten Irrtumsbedingungen der Neuzeit. Mit revolutionären Himmelsbildern, Neuberechnungen von Planetenbahnen, mit dem Galilei'schen Fernrohr, das Berge auf dem Mond identifizierte und mit Robert Hookes Mikroskop, das die Schuppen der Fliegenhaut zeigte, fiel die aristotelische Dogmatik und der Ikonoklasmus der Alten Welt. Seither ist die Neuzeit ungebrochen bilderwütig und dennoch – auch mit der Fotografie seit 1839 – ist die Frage bis heute offen geblieben, ob die Verneinung des Satzes »Bilder lügen nicht« zu seiner Bejahung führen muss. Sicher ist nur – und daran werden wir seit September 2001 dramatischer denn je gemahnt –, dass unsere Welt von Bildmedien und ihrer intrinsischen Expansion jeden Tag mehr durchdrungen wird. Man zählte 2003 auf der Welt rund 120 Millionen digitale Kameras. Zwischen dreißig und fünfzig Millionen kommen pro Jahr hinzu.[1] Alle existierenden Analogkameras hinzugerechnet, darf vermutet werden, dass es noch nie so viel Bilder von der Welt auf der Welt gab wie heute.

Die massiven Bilderfluten sind Teil der westlichen Kultur der Massenmedien, in der das Fernsehen immer noch und weiterhin ihr größter Treiber ist. In Europa und den USA liegt die ›Durchdringungstiefe‹ von Fernsehgeräten in den Haushalten bei über 97 Prozent. In Deutschland steht inzwischen in jedem dritten Haushalt mindestens ein Zweit- und / oder Drittgerät, in Amerika sind es doppelt so viele. 74 Prozent der Erwachsenen und 64 Prozent der Kinder werden an einem durchschnittlichen

Tag von diesem Bildmedium erreicht. »Die Sehdauer der Erwachsenen liegt jetzt bei durchschnittlich 201 Minuten ... und Kinder zwischen 3 und 13 Jahren sehen im Schnitt 99 Minuten pro Tag fern.«[2] Nach einer Studie von Michael Büß bezeichnet man seit 1985 alle, die mehr als drei Stunden fernsehen, als »Vielseher«.[3] Inzwischen – nach Einführung des Privaten Fernsehens – ist die Sehdauer so gestiegen (wenn auch bei weitem nicht proportional zur Vervielfachung der Sender und Programmstunden), dass die ehemaligen Drei-Stunden-»Vielseher« weit unter den Durchschnitt geraten sind. Ihr extensiver Fernsehkonsum ist inzwischen ein wichtiger Maßstab für die Programmgestaltung geworden.[4] Nach einer Studie von 1995 kann ein Vielseher so beschrieben werden, »dass es sich um einen Zuschauer über 50 Jahre mit eher niedrigem Bildungsabschluss handelt, der in einem relativ kleinen Haushalt lebt«.

Niklas Luhmann war – nach den Begriffen der Fernsehforschung – ein »Nichtseher«. Sein in den letzten Jahren relativ kleiner Ein-Mann-Haushalt im westfälischen Oerlinghausen gehörte zu den (seit Jahren stabilen) knapp zwei Prozent, in denen kein Fernseher steht. Der Fernsehforscher Peter Sicking hat im Jahr 2000 drei Typen von Nichtsehern unterschieden: die ideologischen Verweigerer (hören überwiegend Radio), die Fernseh-Suchtabstinenzler (die eine ›Gesundungspause‹ einlegen) und die aktiven Nichtseher, die ›keine Zeit‹ haben.[5] So gesehen gehörte Luhmann, wie er selbst bekundet, zu der letzteren, der kleinsten Gruppe, »weil in den wenigen Momenten, wo ich Zeit habe, nie irgendwas kommt, was mich interessiert«[6]. Luhmann schaute Fernsehen, wenn überhaupt, im Hotel, auf seinen zahlreichen Vortragsreisen.

Das führt zu der Frage dieses Buches, die nicht ganz ohne Ironie, also nicht ohne einen gewissen epistemischen Hang zur Paradoxie gestellt ist. Wie kann ein Mann, der keinen Fernseher hat, schreiben: »Was wir über unsere Gesellschaft, ja über die Welt, in der wir leben, wissen, wissen wir durch die Massenmedien«[7]? Wie kann er das wissen, wenn er selbst das »Leitmedium« aller Massenmedien nicht nutzt? Und wie, als wenn Luhmann selbst auf eine solche Frage (›Für wen gilt das?‹) eine vorgreifende Erläuterung über sich selbst (und seine Profession als Soziologe) anfügen will, heißt es in der zugehörigen Fußnote: »Das gilt auch für Soziologen, die ihr Wissen nicht mehr im Herumschlendern und auch nicht mit bloßen Augen und Ohren gewinnen können. Gerade wenn sie die sogenannten empirischen Methoden anwenden, wissen sie immer schon, was sie wissen und was sie nicht wissen – aus den Massenmedien.«

Luhmanns Antwort löst die Frage von ihrem empirischen Kern. Wer über die Massenmedien urteilen will, muss sie nicht konsumieren. So wenig wie der, der im Fernsehen Bilder sieht, objektive, also ›wirkliche‹ Bilder sieht. Das Fernsehen, soweit es nicht sowieso nur Fiktion (Filme, Serien) und Eigenwertiges (Shows und Unterhaltung) zeigt, präsentiert die Welt nie in ihrer Gegenwart, sondern rekonstruiert Vergangenheit (wenn auch die ›jüngste‹) in einem »strategischen Ritual« der Objektivität.[8] Hier geht die Fernsehforschung inzwischen mit Luhmann weitgehend d'accord: »Die Wahrnehmung der Wirklichkeit ist unlösbar mit einer Ausdeutung des Wahrgenommenen verbunden. Bilder der Wirklichkeit und Weltbildkonstruktionen sind Ergebnis kommunikativen Handelns. Voraussetzung für Handlungssicherheit sind Intersubjektivität und Interaktion in der Lebenswelt, das heißt die permanente Verständigung über den Sinn dessen, was die Beteiligten miteinander tun. Auch die Medien bilden keine äußere Realität ab, sondern sind selbst Akteure in einem sozialen Kräftefeld, das sie beeinflussen und durch das sie beeinflusst werden.«[9] Es sind die phänomenologischen Bedingungen und Horizonte der Massenmedien und des Fernsehens, denen sich niemand mehr entziehen kann. In gewisser Weise kann man nicht in der westlichen Welt sein und nicht nicht fernsehen.

Das führt, wie im Gespräch zwischen dem Medienwissenschaftler Norbert Bolz und dem Soziologen (und Luhmann-Schüler) Dirk Baecker deutlich wird, zu weit reichenden Folgerungen. Die Medienwissenschaft, orientiert an der Technikgeschichte und Epistemologie der Medien, kann an dem Begriff der Kommunikation nicht vorbei, will sie sich der Gesellschaft nicht entziehen, die zwar nicht die Medien, aber die Massenmedien hervorgebracht hat. Die Soziologie andererseits, sofern ihr an einer Theorie der Gesellschaft gelegen ist, die auf der Binnensicht der Gesellschaft gründet, bleibt auf die Beobachtung der Kommunikation der Beobachter verwiesen. Insofern aber solche ›Beobachtungen zweiter Ordnung‹ seit Mitte des zwanzigsten Jahrhunderts ihre Schleifen durch die Systeme der Massenmedien ziehen, bedarf die Soziologie der Medienwissenschaft, um das Operieren der Medien und ihren »technologischen Realismus«[10] zu verstehen.

Allerdings, die eigene Biografie, die eigene Lebensgeschichte kann man nicht kommunizieren – würde Niklas Luhmann sagen. Deshalb läuft, wie man nachlesen kann, das erste, das biografische Rundfunkgespräch mit Niklas Luhmann, einigermaßen schwerfällig. In Luhmanns Denken, das er in einem dreißig Jahre währenden Ein-Mann-Großforschungsprojekt (»Kosten: keine«) zu ›seiner‹ Theorie gemacht hat, ist das eigene Leben, das eigene »Selbst«, das Bewusstsein und das Unbewusste (wie schon bei Freud), der Kommunikation entzogen. Es ist gleichsam eine ›Umwelt‹-Bedingung, die in der Differenz von System und Umwelt sozialer Kommunikation je neu konstruiert werden muss. Einer ›inneren‹ Biografie oder Selbstbeschreibung als solcher fehlt die Anschlussfähigkeit, weil niemand seine eigene Kommunikation als Kommunikationsgeschichte beobachten kann, sondern bestenfalls nur das, was andere (Kommunikationen) daraus machen oder gemacht haben. Die Unbegründbarkeit des eigenen Selbst führt daher in eine Kontingenz des Autobiografischen hinein, oder genauer, um Manfred Schneiders Wort aufzugreifen, zu einer »Leidenschaft des Inauthentischen«[11]. Eine solche Leidenschaft war Luhmanns Sache nicht. Aber auch nicht die Leidenschaft nach Authentizität, der gegenüber der gleiche Vorbehalt gilt. Alexander Kluges Frage, was ihm das Geburtsjahr 1927 bedeute, lässt Luhmann deshalb ins Leere laufen.[12]

So lässt sich nur mutmaßen. Beispielsweise enthält das erste der beiden letzten Radiogespräche, die Luhmann ein gutes Jahr vor seinem Tod (am 6. November 1998) führte – in seinem Haus aufgenommen –, ein kleines autobiografisches Detail, das bereits zu Diskussionen Anlass gegeben hat. Luhmann, das wusste man, ist 1945 in der (kurzen) Kriegsgefangenschaft geschlagen worden. Wider die Genfer Konvention noch als Minderjähriger eingesperrt, nahm man ihm seine Uhr ab und schlug ihn während der Verhöre. Im Kontext dieser Erfahrungen gibt er zu verstehen, dass die Wahl seines Studiums (Jura mit Schwerpunkt auf dem Römischen Recht) etwas mit dem »Chaos, in dem man lebte«, zu tun hatte und mit den »vielen Verstößen gegen an sich geltendes Recht in der Gefangenschaft«.[13] Cornelia Vismann und Albrecht Koschorke, denen einer der wenigen Versuche zu einer genealogischen Rekonstruktion der Luhmann'schen Theorie zu verdanken ist, haben dieser biografischen Notiz, die Luhmann ganz unbiografisch äußert, gleichsam wie nebenbei, nicht ganz zu Unrecht ein großes Gewicht gegeben: »Von hier aus, von der Erfahrung aus, dass es Unordnung gibt, ließe sich die Herkunft der Systemtheorie aus dem Begehren ableiten, Ordnung zu schaffen.«[14] In der Tat, Luhmanns erstes Hauptwerk, die »Sozialen Systeme« von 1984, beginnt mit einem Statement, das dem »Ego«, dem denkend erkennenden »Ich« jeden cartesischen Zweifel von der Seele nimmt und es a priori der Ordnungsfunktion des Sozialen unterstellt: »Die folgenden Überlegungen gehen davon aus, dass es Systeme gibt. Sie beginnen also nicht mit einem erkenntnistheoretischen Zweifel.«[15]

Wolfgang Hagen

Anmerkungen

1   Angaben des Photoindustrie-Verbands e.V., Frankfurt am Main.
2   Internationales Handbuch für Hörfunk und Fernsehen 2000/01. Baden-Baden 2000, S. 224.
3   Michael Büß, Die Vielseher. Fernseh-Zuschauerforschung in Deutschland. Theorie-Praxis-Ergebnisse. Frankfurt am Main 1985.
4   Obwohl sie, »unabhängig vom Alter, depressiver und fatalistischer, ängstlicher, sowie weniger entspannt [sind], weniger zufrieden und unfreundlicher als Zuschauer mit geringer Sehdauer, was ihre ökonomische Bedeutung ... einschränkt«. Klaus Plake, Handbuch Fernsehforschung: Befunde und Perspektiven. Wiesbaden 2004, S. 200.
5   Peter Sicking, Leben ohne Fernsehen: eine qualitative Nichtseherstudie. 2. aktual. Aufl. Wiesbaden 2000.
6   In diesem Band auf S. 85.
7   Niklas Luhmann, Die Realität der Massenmedien. 2. Auflage. Opladen 1996, S. 9.
8   Gaye Tuchmann, Objektivity as strategic ritual: An examination of newsmens notions of objectivity. In: American Journal of Sociology 77, 1971, S. 660.
9   Plake, a.a.O., S. 99.
10 Ein guter Begriff von Plake, a.a.O., S. 75.
11 Manfred Schneider, Die erkaltete Herzensschrift: der autobiografische Text im 20. Jahrhundert. München u.a. 1986, S. 253.
12 In diesem Band S. 49.
13 Vgl. in diesem Band S. 17.
14 Albrecht Koschorke und Cornelia Vismann, Widerstände der Systemtheorie: Kulturtheoretische Analysen zum Werk von Niklas Luhmann. Berlin 1999, 14.
15 Niklas Luhmann, Soziale Systeme, Frankfurt am Main 1993.

Es gibt keine Biografie

Niklas Luhmann im Radiogespräch mit Wolfgang Hagen

Wolfgang Hagen: Herr Luhmann, am 8. Dezember haben Sie Geburtstag.

Niklas Luhmann: Ja.

Sie sind 1927 geboren und kommen hier aus dem Niedersächsischen, aus Lüneburg. Sie waren zehn, 1937; das heißt zwölf, als der Krieg ausbrach. Also in dem Moment, wo Sie praktisch zum Bewusstsein kamen, war die Welt schon auf den Kopf gestellt. Oder ist Ihnen das damals nicht so vorgekommen?

Das ist schwer, wirklich genau zu sagen. Also an sich war die Naziumwelt ein Problem für mich, und dann war der Krieg eigentlich nur so die weitere Konsequenz ...

Wieso war die Naziumwelt ein Problem für Sie?

Na ja, ich musste in die Hitlerjugend, all diese unangenehmen Sachen wie Marschieren und Grüßen, und dann auch die ganze Situation, dass man also die Selbstdarstellung des Regimes einfach widerlich fand, und ...

Kam das aus dem Elternhaus? Ihr Elternhaus ist ein großbürgerliches, kann man das sagen? Eine Brauerei, habe ich gelesen?

Ja, ja. Mein Vater hatte Schwierigkeiten, ganz am Anfang, mit dem Regime und hat sich dann sehr zurückgehalten und hat sich auch uns gegenüber eigentlich nie wirklich geäußert.

Es gab keine Parteibindung Ihrer Eltern?

Nein.

Lüneburg ist ja nicht unbedingt eine Gegend, von der man sagen könnte, da hat es nie Nazis gegeben ...

Nein, nein, aber er hatte Anfang 33 Ärger gehabt. Sie haben seinen Schachklub in die SA überführt und er hatte ihn schnell noch auflösen können und solche Sachen ... also Kleinigkeiten an sich, aber er war sehr vorsichtig.

Dann brach der Krieg aus, 39.

Mein Vater wurde eingezogen, aber in der Reserve gehalten. Er war Offizier gewesen im Ersten Weltkrieg. Er hatte so Ausbildungswochen und so ist erst gegen Ende des Krieges wirklich, im Volkssturm sozusagen, an die Front gebracht worden.

Gegen Ende des Krieges waren Sie schon ...

Da war ich auch eingezogen.

17, nicht? Wie erwischte Sie das?

Wir waren erst Luftwaffenhelfer, nicht, ab 15 war ich Luftwaffenhelfer.

Also ab 43?

Ab 43 – und dann wurde ich gegen Ende 44 eingezogen, und hatte noch eine Ausbildung, Schießen und so.

Am Gewehr?

Ja, ja, Gewehr, und dann diese kleinen 2-cm-Antiflak-geschütze, die aber nur 2000 Meter hoch reichten, also nie wirklich zum Zuge kamen. Es war ja auch nur eine ganz kurze Ausbildung und dann wurde man eben an die Front geschickt. Also das Problem war ja, und das war mindestens ab 43 absehbar, ich hatte eigentlich schon früher mitgekriegt, dass der Krieg verloren geht. Und dann ist die Frage, bleiben die Nazis oder bleiben sie nicht? Muss man sich in allem, was Biografie angeht, auf die Fortdauer des Naziregimes einstellen oder nicht? Schon weil man zum Beispiel in die Partei eintreten musste, um studieren zu können.

Also für Sie – 1943 waren Sie 15 oder 16 – war irgendwie schon klar, dass der Krieg verloren gehen würde?

Ja, ja.

Und gleichzeitig die Frage, ob die Nazis nun blieben oder nicht.

Es ist ja so, man rechnet natürlich damit, dass das Regime wechselt. Aber kann man sicher sein? Ja, also, ich wurde eingezogen und das Kriegsende habe ich schon in der amerikanischen Gefangenschaft erlebt, also in Baden-Württemberg. Es war natürlich völliges Chaos auf der deutschen Seite. Also, ich war dann manchmal völlig allein und musste dann dafür sorgen, dass ich nicht aufgehängt wurde, als Deserteur oder so. Und hatte so einen Ausweis, wo dann drauf stand, wo ich hinmüsste. Aber wo ich hinmusste, das war dann schon wieder von den Amerikanern erobert. Und das hat sich dann erst mit der Gefangennahme durch die Amerikaner …

Mit 18?

Mit 17. Ich wurde auch entlassen aus der Gefangenschaft, weil ich noch nicht 18 war.

Sofort wieder?

Nein, nein. Also wir wurden dann nach Marseille, in die Nähe von Marseille, kurz vor Kriegsende, in ein Lager gebracht, was eingerichtet worden war, um alle Leute, die arbeitsfähig waren, das heißt über 18 und unter 55, den Franzosen auszuliefern. Die mussten dann in Bergwerken arbeiten, was nicht völlig im Einklang mit der Genfer Konvention über die Behandlung von Kriegsgefangenen war. Ich wurde im Dezember 18. Ich hatte natürlich in der Gefangenschaft immer gedacht: Wie lange dauert das hier noch und komme ich vorher frei oder werde ich dann, als Reparationsgut sozusagen, den Franzosen ausgeliefert? Die ganzen Erfahrungen haben mir also gezeigt, dass von den Genfer Konventionen keine Spur realisiert wurde. Nur, mit der Empörung über die Naziverbrechen, die sie entdeckten, war das natürlich alles in gewisser Weise noch viel verständlicher.

Wurde Ihnen das mitgeteilt?

Man hat natürlich über Auschwitz irgendwie gehört, nach dem Krieg. Was ich wusste, war eigentlich nur – über meinen Vater und einen Freund, der Militär war, also ein Freund meines Vaters –, dass die russischen Gefangenen entsetzlich behandelt wurden und viele Tote hatten. Aber von Juden wusste ich überhaupt nichts. Das kam alles nachher raus, und dann hat man ja irgendwie ein gewisses Verständnis dafür gehabt, dass die Deutschen zunächst einmal nicht wie normale Menschen behandelt wurden.

Es gab diese »Stars and Stripes«, diese amerikanische Zeitung, die wir dann also von den Besatzungstruppen manchmal bekamen, und konnten dann ...

Nachlesen?

Ja, ja, aber es war alles sehr ungenau. Ich wusste auch nicht, ob Lüneburg, also meine Heimatstadt, in der sowjetischen Zone oder in der englischen Zone ist. Und deswegen war die Frage: Soll man sich entlassen? Wohin wird man entlassen – ein Problem. Die Elbe war die Grenze, es war insofern westlich, aber ein Teil des Regierungsbezirks Lüneburg ging über die Elbe rüber. Man merkte eigentlich erst auf dem Rücktransport, dass man nicht in die russische Zone kam.

Hatten Sie damals das Abitur schon?

Ja, sozusagen ein geschenktes Abitur.

Geschenkt?

Wenn man in der Sekunda war, bekam man ein Abschlusszeugnis. Beim Einziehen in den Arbeitsdienst, glaube ich. Das war so eine vormilitärische Sache von einigen Monaten. Und dieses Zeugnis wurde nachher nicht anerkannt, aber man musste einen Übergangskurs machen, ein halbes Jahr. Und dann kriegte man die Studienerlaubnis.

Jeder weiß, also jeder, der Sie ein bisschen besser kennt, weiß, dass Sie keineswegs Soziologe geworden sind, sondern zunächst mal Jurist ...

Ja. Auf Jura bin ich eigentlich gekommen, weil ich das Gefühl hatte, das ist eine Möglichkeit, Ordnung zu schaffen in dem Chaos, in dem man lebte, und diese vielen Verstöße gegen an sich geltendes Recht in der Gefangenschaft.

Ach, das hat Sie noch ...

Ja, man wurde geprügelt. Ich zum Beispiel, und das war ja gar nicht vorgesehen in der Genfer Konvention.

Das heißt, bei den Nazis wurden Sie nicht geprügelt, aber in der Gefangenschaft.

Ja, ja, beim Verhör. Irgendwie, wenn man irgendwas sagte, was ... Auch nicht schwer, ich meine ... Aber die ganze Behandlung war auch ... Wir hatten nachher in den Rheinauen in der Nähe von Ludwigshafen so Abteilungen, jeweils tausend Leute in einer Abteilung, und dann die nächste und da gab es immerhin einen Toten pro Tag von tausend. Wo die alle begraben sind, das weiß ich auch nicht. Ich meine, einfach verhungert, nicht wahr. Erschöpfung, vor allem ältere Leute.

Soziologie gab es noch nicht, als Studium. Ich hätte auch nie daran gedacht, wahrscheinlich. Jura, – ich bereue es nicht. Es war wirklich ein interessantes Studium, weil man so das Manövrieren von Konstruktionen und die Folgen dieser oder jener Optionen erkennen konnte. Wir hatten da auch sehr gute Lehrer in Freiburg und ...

In Freiburg war die Universität Heideggers gewesen, nicht?

Ja, aber der war im Schwarzwald verschwunden. Von dem wurde nur erzählt.

Gab es in ihrer Lesebiografie, – es gibt ja auch, wenn man jung ist, eine Lesebiografie, man fängt irgendwie mit Jugendbüchern an und irgendwann erwischt man mal ein anderes Buch – wichtige Dinge?

Ja, Plisch und Plum und Wilhelm Busch ... Ich konnte lesen, bevor ich zur Schule kam.

Und dann, innerhalb der Schulzeit? Haben Sie irgendwie früh literarische Sachen gelesen, die man gar nicht in der Schule lesen musste oder philosophische oder sonst was?

Literarisch weniger, aber historische Geschichten. Das waren zuerst mal historische Romane vielleicht, und dann haben mich aber auch vorgeschichtliche Sachen interessiert, vor allem die Germanen, wo die eigentlich herkamen, und ob es solche überhaupt gibt. Das Verhältnis hat mich als Kind beschäftigt, von Adam und Eva, und dann – wo kommen dann die Germanen her, dann sah man, dass Kain nach der Ermordung von Abel zu den anderen Völkern floh. Das mussten dann wahrscheinlich die Germanen gewesen sein. Solche Art von Interessen, historischer Art …

Das hat ja auch dazu geführt, dass Sie im Jurastudium, wie ich gelesen habe, römisches, also nicht Gegenwarts-, sondern römisches Recht studiert haben.

Römisches Recht, ja, weil man da am deutlichsten sozusagen das Geschick der Konstruktion erkennen konnte, keine systematische Begrifflichkeit, aber doch eine konsequenzenreiche Zuordnung von Fällen zu Begriffen ohne wesentliche Bedeutung von Gesetzgebung. Also, ich meine, es gab die zwölf Tafeln, die alten Gesetze, die aber natürlich durch Interpretation überwuchert waren. Und dann gab es das Edikt, wo der entsprechende Magistrat zunächst mal jahresweise verkündete, nach welchen Gesichtspunkten er Richter ernennen würde, mit Aufträgen, die dann die Rechtsfälle entscheiden mussten. Und dann wurde das ein »edictum perpetuum«, also ein auf Dauer gestelltes Edikt, und darauf hat sich dann das römische Zivilrecht gegründet. Wobei ich in Latein keine Schwierigkeiten hatte. Andere hatten große Mühe natürlich, aber wir hatten ja eine gute Gymnasialausbildung in Lüneburg. Obwohl das juristische Latein im Kodex und in den Institutionen natürlich noch eine besondere Hürde war.

Sie haben studiert von 45 bis 49, habe ich gelesen, also relativ zügig.

Also von 46, glaube ich ...

Von 46 – das sind drei Jahre.

Ich habe es so schnell wie möglich gemacht, weil auch die finanzielle Grundlage etwas schwierig war. Mein Vater hatte etwas Mühe, das Geschäft wieder in Gang zu kriegen.

Die Brauerei?

Die Brauerei, ja, und Mineralwasser und so etwas. Das war an sich kein Problem vor der Währungsreform, aber nach der Währungsreform sofort. Die Kunden zahlten nicht, sondern kauften erstmal mit dem Kredit des Lieferanten die nötigen Sachen.

Erstes Staatsexamen 49, und dann muss man, glaube ich, wie bis auf den heutigen Tag, so eine praktische ...

Referendarzeit machen, ja, ja ...

Und dann macht man ein zweites Staatsexamen.

Ja, in Lüneburg. Ich wollte denn doch wieder, fand es einfach in der Zeit, wo die Lebensverhältnisse recht schwierig waren, dann besser wieder zu Hause zu sein als irgendwo ein Zimmer zu mieten ...

Die theoretischen Interessen waren wahrscheinlich doch
schon da, aber gleichzeitig, wenn man das jetzt so betrachtet,
sieht das aus wie jede normale juristische Karriere ohne
besondere Intention auf Theorie.

Ja, ja, das ist richtig. Ich meine, das hat einen intellektuell
nicht ausgelastet. – Ursprünglich wollte ich Anwalt werden, aber als ich in einer Anwaltspraxis tatsächlich als
Referendar als Aushilfe gearbeitet habe, sah ich dann,
dass das doch nicht ganz mein Fall war. Also man hatte
die Abhängigkeiten von den Klienten, natürlich, und
den Grundbesitzern aus der Umgebung der Stadt, die da
mit nach Fett riechenden Stiefeln in die Praxis kamen ...
Das war also nicht das, was ich eigentlich gedacht hatte.
Und dann hatte ich mir vorgestellt, die Unabhängigkeit
wäre sehr viel größer, wenn man nur einen Vorgesetzten
hat. Ja, dann bin ich halt in die öffentliche Verwaltung
gegangen.

Obwohl man da ja nicht so viel verdienen kann wie als
niedergelassener Anwalt.

Nein, aber das war für mich eigentlich kein besonderer
Gesichtspunkt.

Ich muss da noch mal nach dem Elternhaus fragen, weil
das eigentlich ja auch nicht selbstverständlich ist . War
ihr Elternhaus ein Stück großbürgerlich-wilhelminisches,
nationales Deutschland gewesen bis 33, oder war das durch
die Einheirat in die Schweiz schon so etwas wie – dies gab's
ja auch in den zwanziger Jahren – weltbürgerlich fühlend?
Können Sie das im Nachhinein noch rekonstruieren?

Das ist schwer zu sagen. Also, dominierend war sicherlich ein wirtschaftlicher Liberalismus. Also, mein Vater war gegen die Nazis, auch aus einfach ökonomischen Gründen.

Was wird er gewählt haben, in den Wahlen 29?

Weiß ich nicht.

SPD unter Umständen?

Nein, das auf keinen Fall. Sozis – das war das Schlimmste! Die Nazis waren insofern schlimm, als sie eben auch Sozialisten waren.

Ihre Mutter ist immer Schweizerin geblieben?

Nein, mit der Heirat wurde sie automatisch Deutsche und erst nach dem Ende des Kriegs haben die Schweizer, auch wieder völlig gegen alle Rechtsvorschriften, das gesamte deutsche Vermögen zur Reparation ausgeliefert. Und da wurde unser Haus beschlagnahmt.

In der Schweiz?

Ja, ja, und dann hat meine Mutter über Bekannte in Bern sich wieder rückbürgern lassen in die Schweiz und damit kam das Haus wieder aus der Reparationsmasse.

Wenn ich Ihnen die Frage stellen würde, durch was sind Sie geprägt, elternhausseitig, was würden Sie mir antworten?

Also, das ist sehr schwer zu sagen. Ich denke schon, eine gewisse liberale Grundeinstellung ... Ich möchte also die Möglichkeit haben, das zu machen, was ich machen will, und im Rahmen der Rechtsvorschriften und so etwas, und eine Abwehr von politischen Interventionen ins Privatleben ...

Kehren wir zurück: 49, Sie machen ein Referendariat,
stellen fest, die unüberschaubare Klientenmasse und ihre
Bagatellprobleme machen das Leben eines Anwalts mög-
licherweise zur Hölle und nicht zur Befriedigung und Sie
sagen sich: Ich gehe in den öffentlichen Dienst. Wo haben
Sie sich beworben?

Also, zunächst einmal war alles überfüllt. Eine Linie,
die ich noch verfolgt hatte, betraf die »Lufthansa«, also
Syndikus Lufthansa. Aber das ging über einen Bekannten
meines Vaters und der wurde dann plötzlich entführt oder
floh oder was immer. Und so brach das zusammen. Das
wollte ich eigentlich, also eine Möglichkeit, Luftrecht und
Völkerrecht und solche Sachen zu machen. Das scheiterte
aber schon ziemlich früh und ich habe es auch nicht so
besonders eilig gehabt. Also ich habe als Referendar beim
Anwalt gearbeitet und das nötige Kleingeld verdient.

Alles noch in Lüneburg?

Ja, ja, und dann ... Öffentlicher Dienst war eigentlich
– ja, es war eine ganz unübliche Karriere, die im Innenministerium auch immer Bedenken und Ärger und Ein-
wände erzeugt hat, bis hin zu Versuchen, die Beförderung
zu verhindern. Also, ich wurde zunächst mal in Lüneburg
Assistent des Präsidenten des Oberverwaltungsgerichts,
durch Bekanntschaften, und dann musste ich so ein
Nachschlagewerk aufbauen, wo man die nicht veröf-
fentlichten Oberverwaltungsgerichtsentscheide anderer
Oberverwaltungsgerichte registrieren konnte, weil davon die Revision abhängig war: Wenn man von einem
Gericht abwich, musste man Revision zulassen. Auch
wenn das nicht publiziert war. Und dann war ich in den

einzelnen Senaten, immer so als Assistent eines Richters, und dann wurde ich ins Kultusministerium delegiert, nach einer politischen Wende. Dann kam DP/CDU an die Regierung, anstelle von SPD, und dann kam eine Fülle von Beschwerden aus den Anhängern der neuen Leute, was die SPD alles falsch gemacht hatte. Das ging vom Netzkartenmissbrauch bis vor allen Dingen eben – und das war eigentlich für mich attraktiv – die Prozesse, die haben ständig Prozesse verloren.

Die alte Regierung?

Vor allen Dingen Wiedergutmachungsprozesse. Ich habe das manchmal gar nicht verstanden, wieso das Kabinett damals Fälle abgelehnt hatte, die ganz klar waren. Mein Verdacht war, dass sie die entartete Kunst für etwas Obszönes gehalten hatten oder ... Ich weiß nicht. Dorner*, der war ja Museumsdirektor in Hannover, war abgelehnt worden, weil man in seiner Privatwohnung eine dienstliche Schreibmaschine entdeckt hatte, was bei mir hier ja auch der Fall ist.

Was entdeckt hatte?

Eine dienstliche Schreibmaschine, die hatte er in seiner Privatwohnung, weil er von dort aus dann schrieb. Und das wurde als Diebstahl behandelt und dann wurde er deswegen entlassen, 1933. Die wirklichen Gründe waren natürlich: Er hatte eine große Munch-Ausstellung geplant in Hannover. Die ging nicht mehr: entartete Kunst! Und dann hat er sie nach London transferiert und das alles in London gemacht. Wenn das Exil nun politisch begrün-

---

* Alexander Dorner (1893-1957), Kunsthistoriker.

det war, wurde Wiedergutmachung gewährt, wenn es kriminell war, Dienstvergehen und so, dann nicht.

Sie hatten also mit Wiedergutmachungsfällen zu tun, die zu entscheiden waren, und aufgrund von Unrechtshandlungen der Nazis.

Ja, und die Regierung hatte eben viel abgelehnt, die vorherige Regierung. So hatte ich das Gefühl, dass die Verhältnisse im großbürgerlichen Milieu gar nicht verstanden wurden und man also das Politische daran nicht entdeckte.

Wann sind Sie eingestiegen? 51, 52?

Nein, da war ich ja noch Referendar. 53 zweites Staatsexamen, und dann bin ich erst mal ein bisschen herumgereist und habe auch an meiner Dissertation, an meiner geplanten Dissertation gearbeitet. Über Beratungsorgane und so etwas sollte die gehen. Die ist aber nicht fertig geworden und ich verlor auch das Interesse, eigentlich. Auch in Bezug auf eine akademische Karriere, weil ich auch eigentlich nicht direkt vorhatte, ein Juraprofessor zu werden. Das fand ich auch nicht attraktiv. Und dann bin ich eben ins Ministerium gekommen, um also sozusagen die Sünden des alten Regimes zu kontrollieren und aufzudecken. Da muss es noch einige Akten mit vielen ironischen Kommentaren geben. Aber jedenfalls habe ich nichts Schlimmes entdeckt und …

Ach, Sie waren praktisch der Referent für Wiedergutmachung …

Ja, das wurde ich dann. Zunächst einmal bin ich abgeordnet worden, um einmal aufzuarbeiten, ob man die verschiedenen Prozesse abbrechen muss oder nicht. Und nach drei Monaten wurde ich dann vom Staatssekretär gefragt, was ich denn machen wollte, ob ich dableiben wollte. Und konnte mir dann ein Referat zusammenstellen.

Sie sind dann ja auch ein früher Zeuge der Fragestellung Kontinuität oder Diskontinuität, auch in den Behörden. Saßen da noch nach wie vor die Alten?

Aus der Nazizeit meinen Sie? Nein, nein. Auf dem Schulsektor gab es Probleme, weil es immer noch Lehrer gab, die die Technik von Kriegsfeldzügen bewunderten und es dann den Schülern beizubringen suchten, was man denn erreicht hätte, wenn man über den Kaukasus und über Libyen gleichzeitig mit einer großen Zange usw. Wir haben Disziplinarfälle gehabt in diesem Bereich der eher nationalistischen als nationalsozialistischen Pädagogen oder Lehrer.

Gut, aber das ganz große Raster über dieser Zeit lautet: Da ist ein besiegtes Land, das die Alliierten besetzten, und sie versuchen, dieses Nazivolk zu demokratisieren und diesem Nazivolk Demokratie beizubringen. In dieser Zeit ging es also auch darum, Demokratie einzuüben.

Also für mich war eher die rechtliche Seite, die rechtsstaatliche Seite wichtig als die politische Demokratie. Das war eigentlich gelaufen und da sah man auch keine Tendenz, das wieder zurückzuentwickeln, während im Rechtsbereich ... Also jedenfalls war das meine Kompetenz, mein professionelles Interesse.

Hatten Sie sich eigentlich mit Rechtsphilosophie auseinander gesetzt, also kannten Sie Carl Schmitt und Ernst Forsthoff?

Ja, ja. Ich fand aber immer, dass Carl Schmitt überschätzt würde, jedenfalls als Jurist. Er mag ja ein Berufshistoriker gewesen sein.

Wieso überschätzt?

Ja, weil eigentlich rechtstechnisch gesehen gar nicht so viel da zu holen ist. Die Versuche, die Demokratie auf eine romantische Weise ernst zu nehmen und dann von dort aus zu zeigen, dass es so nicht geht, ohne das sagen zu müssen, – das fand ich eigentlich nicht so interessant. Einerseits hat mich natürlich das römische Recht interessiert und in der Verfassungslehre eher Anschütz* und diese technisch-juristischen Kommentararbeiten zur Weimarer Verfassung, war eigentlich für mich eher was als diese Staatslehredebatten.

Sie sind jetzt im Kulturministerium zuständig für Reparationsfälle und für alle möglichen anderen Wiedergutmachungsfälle. War das schon ein bisschen politisches Beamtentum?

Ja. Ich musste dann Kabinettssachen vorbereiten und Verwaltungsgerichtsprozesse führen und Landtagssitzungen, Ausschusssitzungen. Ich meine, es waren ja Anfragen aus dem Landtag oder Behandlung von Angelegenheiten von politischer Bedeutung in den Landtagsausschüssen. Da musste man hingehen und erklären, wieso man das so und so zu bearbeiten gedenke.

Also das hat Spaß gemacht in der öffentlichen Verwaltung …

Ja, ja.

* Gerhard Anschütz (1897-1948), Staatsrechtslehrer.

Wollten Sie Staatssekretär oder so etwas vielleicht auch mal werden?

Ich meine, da wäre ein Parteieintritt nötig gewesen, nicht?

Sie sind in keine eingetreten?

Nein, nein.

Bewusst nicht?

Bewusst nicht.

Warum nicht?

Also, man ist ja dann sehr leicht in der falschen Partei, wenn es sich wieder ändert, nicht?

Aber wenn man in gar keiner ist, kommt man in keine Funktion.

Ja, ja, deswegen bin ich auch rausgegangen nachher. Ich habe mich dann für ein Jahr beurlauben lassen.

... und zwar 60, 61.

Ja, nach Harvard.

Wuchsen in Ihnen sozusagen die wissenschaftlichen Interessen wieder?

Ja. Ich meine, ich hatte immer nebenbei wissenschaftlich gearbeitet oder philosophisch oder theoretisch, aber dann musste ich mir irgendwann überlegen, was jetzt so im Prinzip aus mir werden soll.

Sie haben ja auch geheiratet, 1960.

Ja. Es gab so ein »fellowship« in Harvard aus der Zeit des »New Deal«, also eine stärkere administrative Ausbildung für Nachwuchs in Washington, das war das Ziel. Und da war ein Stipendium für ein oder zwei Deutsche und das lief über meinen Schreibtisch, ich musste das verteilen. Und dann habe ich mich gleich selbst beworben und wurde auch genommen. Da hatte ich eben ein Jahr Zeit, mir zu überlegen, ob ich mehr wissenschaftliche Arbeit wollte, ohne unbedingt an eine Universität zu gehen.

Was hatten Sie an philosophischen und vielleicht auch schon soziologischen Dingen rezipiert und warum? Ich habe gelesen, Sie hätten Descartes gelesen, relativ früh.

Ja.

Ich habe mich immer gefragt, warum? Sie haben nicht Philosophie studiert und Descartes ist auch nicht der Rechtstheoretiker.

Nein. Ja. Meine Hauptlektüre war eigentlich Husserl.

Wie kamen Sie zu Husserl?

Die Alltagswirklichkeit war nicht, sie deckte nicht voll das ab, wofür ich mich interessierte. Und dann war es einerseits Husserl, dann in Verbindung mit Alfred Schütz* wieder zur Soziologie, und Soziologie überhaupt, also Parsons, und auch die ältere Kulturanthropologie.

Waren das Freiburger Einflüsse?

Nein.

Wo kamen die her?

Ja, also das habe ich so entdeckt, in Büchern. Irgendwas interessierte mich, und dann habe ich angefangen zu lesen.

---

* Alfred Schütz (1899-1959), Philosoph und Soziologe.
Talcott Parsons (1902-1979), Soziologe.

War Husserl Ihnen über Heidegger bekannt, oder?

Ja, über das Krisisbuch* vor allen Dingen. Ich hatte allerdings im Studium schon ein Manuskript des ursprünglichen Krisisvortrags in Belgrad irgendwie in die Hand bekommen, und das fand ich sehr interessant: Technik, Wissenschaft und diese Sachen. Ich war nicht im transzendentalphilosophischen Hintergrund, aber die Kritik der technischen Ausrüstung und Wissenschaft ...

Sie hätten ja doch in Freiburg dann auch zur Philosophie wechseln können?

Ja, das wollte ich nicht. Das war mir zu ...

... brotlos?

Bei den Juristen, da wusste man, was man erreicht, wenn man was macht.

Und Descartes?

Ja, die sozusagen personale Seite der Suche nach einer Methode, um Gewissheit zu erreichen, hatte mich interessiert. Und natürlich die Wurzeln der Subjektphilosophie, wo man dann, wenn man soziologisch interessiert ist, fragen wird: »Wo bleibt die Gesellschaft?« Cogito ergo sumus, müsste man eigentlich sagen. Und das, das lief auch zum Teil, also sehr entfernt über Max Adler** und diesen Austromarxismus, also die Gesellschaft als »a priori«, die nicht in die Kant'schen Schemata passt.

---

* Edmund Husserl, »Die Krisis der europäischen Wissenschaften und die transzendentale Phänomenologie«, 1936.

** Max Adler (1873-1937), Soziologe.

*Und dann saßen Sie im niedersächsischen Kultusminis-
terium und entdeckten sozusagen die Möglichkeit, noch
mal zu studieren.*

Ja.

Da waren Sie auch schon an die 30.

Ich musste natürlich immer dafür sorgen, dass ich ir-
gendwovon leben konnte. Und das war eben mit diesem
»fellowship« in Harvard zu machen, und dann hatte ich
also ein Jahr Zeit zu überlegen. Es war zunächst mal
das Problem, dass der Beruf im Kultusministerium mich
zunehmend in Anspruch nahm, weil dann auch politische
Anforderungen hinzukamen. Man musste dann plötzlich
abends irgendwas machen. Ich meine, ich konnte nicht
immer beides nebeneinander herlaufen lassen, mit dem
Schnitt um 17 Uhr, sozusagen. Und außerdem war eben
auch die weitere Laufbahn also ganz unklar. Beamtenrechtlich gesehen war das ganz unorthodox gelaufen und das
Innenministerium hat immer, bei jeder Beförderung, die
ich anstehen hatte, blockiert, weil ich nicht die normale
Beamtenlaufbahn hatte, also nie auf dem Landkreis bei
einem Feuerwehrfest gewesen war und so. Ich werde nie
ein ordentlicher Beamter, wenn ich mich also nicht auf
einem Feuerwehrfest betrinke. Und dann habe ich eben
gesagt, ich lese Hölderlin, das müsste ja eigentlich ...,
aber das hat nicht überzeugt. Das war alles unklar. Ich
wurde Oberregierungsrat, aber die Beförderung wurde
blockiert. Und das war also die eine Sache, wie geht es
beamtenrechtlich weiter, und die Alternative, einen politischen, also parteipolitischen Weg zu nehmen, war mir
auch nicht so recht.

Weil Sie nicht wussten, welche.

Ja, weil ich nicht wusste, welche, und weil es auch also ein Spiel mit Zufällen war. Und natürlich, es kam hinzu, dass die Dinge anfingen mich zu langweilen. Es wiederholte sich, eine Ausschusssitzung im Landtag ist so wie die andere.

Und dann haben Sie Talcott Parsons gelesen, in Amerika, und studierten bei ihm selbst.

Ich habe das Material für ein Buch zusammengeholt, was dann später veröffentlicht worden ist. Über Organisation. Und dann ging es zunächst mal wieder ins Kultusministerium zurück. Ich bin 61 zurück und 62 dann nach Speyer gegangen. Da war ein Forschungsinstitut in der Hochschule eröffnet worden. Es war eine Einrichtung, die Rheinland-Pfalz im Auftrag aller Bundesländer verwaltete, als Fortbildungseinrichtung.

Das waren auch wieder Dinge, die schon über Ihren Tisch gelaufen waren. Das heißt, das konnten Sie von Ihrer Kultusministeriumsposition aus mit Fernglas fixieren.

Ja, ja, in gewisser Weise ja. Die Schwierigkeit war nur, – ich hatte ja den Status eines Oberregierungsrats und konnte nie Assistent werden. Da hätte ich meine Lebenszeitstellung aufgegeben und wäre eine Gehaltsstufe runtergegangen. René König* hatte mich mal gefragt, aber das sah ich nicht ein, und die Abhängigkeit, in die man sich dann begibt. Und da war Speyer eben ein möglicher Ausweg.

* René König (1906-1992), Soziologe.

Also erstens blieben Sie sozusagen auf der Ebene des Oberregierungsrats, und zweitens verloren Sie Ihren Beamtenstatus nicht.

Und man konnte relativ frei arbeiten. Die Abmachung war: eine halbe Zeit für Aufträge des Forschungsinstituts und eine halbe Zeit für eigene Interessen. Und da die Aufträge nicht kamen oder nur kamen, wenn ich sie selbst anregte, war das eine ganz günstige Position, eigentlich.

Sie waren ja immer noch nicht promoviert?

Nein.

Es gibt ja bei Ihnen so einen »annus admirabilis«, oder wie nennt man so was? Nämlich 1966, da haben Sie promoviert und habilitiert, gleichzeitig, und wurden, glaube ich, auch sofort Professor.

Ja, ja. Ich habe dann eine Professur in Münster vertreten. Ja, das war also Schelsky*. Er hatte mir dann also gesagt: Was Sie wollen, das kann man nur an einer Universität machen. Und als Schelsky diese Pläne mit Bielefeld hatte und also Personal suchte, weil er alles immer sehr von Personen her dachte, war das eben eine der Möglichkeiten. Also, mit dem Hintergrund Bielefeld. Weil damals noch nicht klar war, dass es Bielefeld sein würde.

Die Neugründung einer Universität.

Ja, für den ostwestfälischen Raum.

1966 haben Sie Ihre wissenschaftliche Karriere begründet, die Niklas Luhmann dann zu der Bekanntheit gebracht hat, die er heute hat. 1966 ist aber auch sozusagen das

---

* Helmut Schelsky (1912-1984), Soziologe.

Initialjahr dessen, was man Studentenbewegung nennt. Spielte das auch eine Rolle?

Also, ich meine, ich hatte einerseits dieselbe Distanz zur Ordinarienuniversität. Ich hatte das Gefühl, es müsste etwas geändert werden, auch in der Regelung der Nachwuchskarrieren. Die Assistenten müssten weniger abhängig sein von den Launen ihrer Ordinarien, und es müsste eine Art von, sagen wir mal, geregelter Karriere geben, erst in der Lehre tätig sein und dann also an der Forschung mitwirken und dann schließlich selbstständig forschen oder so etwas, bis zur Habilitation. Das waren so Ideen, bei denen ich auch mit Schelsky harmonierte. Aber das, was dann nachher mit Emanzipation ..., das war ja wirklich fast unerträglich, von der Benehmensseite her, aber auch von den vagen Vorstellungen, die sie hatten.

Sie haben den grundsätzlichen Affekt nicht geteilt, der ja eine Art wiederholte Beschäftigung mit dem faschistischen Grauen beinhaltete.

Was diese Seite betrifft, das war gar nicht im Mittelpunkt meiner Beziehung zur Universität. Da fand ich es immer schade, dass man aus einer Mentalität der Emigranten oder der prinzipiell berechtigten moralischen Ablehnung es nun versäumt, die wirklichen Verhältnisse der Nazizeit zu studieren, um zu sehen, wie man verhindern könnte, dass so etwas wieder passiert. Denn wenn man nur immer sagt, nie wieder Auschwitz, das ist natürlich zu wenig. In der Form kommt es natürlich nicht wieder, aber es kann ja in anderen Formen kommen. Das war einer der Punkte, was diese intellektuelle Bewegung angeht: zu wenig politischer Realismus.

Das heißt, den tiefen, von manchen behaupteten kulturellen Aufbruch dieser Rebellionsbewegung, den haben Sie überhaupt nicht verspürt?

Nein, nein. Also der Politikbegriff: schon rein intellektualistisch, seminarbegrifflich. So dass ich da eigentlich weder auf der Seite, die angegriffen wurde, noch auf der Seite der Angreifer mich heimisch fühlen konnte.

Ja.

Auch im Praktischen, – also dass man die Prüfung ohne Zensuren macht und so etwas. Ich habe, glaube ich, keiner einzigen Satzung unserer Fakultät oder Universität zugestimmt. Ich bin immer überstimmt worden.

Wann kamen Sie eigentlich dann nach Bielefeld?

Ich bin der erste, 1969, der erste formell ernannte Professor in Bielefeld.

Wir kommen damit ja praktisch zur Ausbildung der Theorie. Hatten Sie von vornherein einen Plan?

Also, was ich als Plan hatte, war eigentlich immer eine Gesellschaftstheorie, eine Theorie für die moderne Gesellschaft. Das war auch die Zeit, wo der Marxismus wieder aufkam, wo ich also nur den Kopf schütteln konnte über so viel altmodische Vorurteile, aber verstand, dass man das nicht ohne eine adäquate Gesellschaftstheorie wirklich erledigen konnte, das Problem, so dass eigentlich die Frage war: Wie kommt man zu einer Beschreibung der modernen Gesellschaft?

Gegen die Entwürfe der Vergangenheit?

Gegen die soziologische Klassik, bei allem Respekt und bei aller Möglichkeit, da irgendwas zu finden, also Weber,

Durkheim, Simmel und so weiter, aber mir war klar, dass man von dort aus nicht ausgehen konnte.

Lassen Sie mich den waghalsigen Versuch machen, zu fragen, ob man zwei Quellen Ihres Werks angeben kann, nämlich einerseits eine abgewandelte Husserl'sche Phänomenologie und andererseits die Kybernetik.

Also vor allen Dingen würde ich sagen, die neueren Entwicklungen der Kybernetik, die ein anderes Lesen, auch von phänomenologischen Texten ermöglicht. Wenn man die ganze Husserl'sche Anlage einer Theorie beim Subjekt als kybernetisches System sieht, hat man ähnliche Dinge, aber in ganz anderen Formen. Also, bei Husserl hat man immer den letzten Ankerpunkt im Subjekt, das heißt im Bewusstsein. Nun haben wir aber mehr als fünf Milliarden von diesen, die alle gleichzeitig denken und handeln (so weit sie nicht schlafen). Da kann man sich nicht vorstellen, wie da irgendeine soziale Ordnung entsteht. Außer man müsste ganz anders ansetzen. Oder man müsste den Vergleich zur Bewusstseinstheorie mit systemtheoretischen Mitteln ausarbeiten können, so dass man sagt: Das ist ein System eigener Art, eigener Opposition und so weiter, und andererseits ist die Gesellschaft auch ein System eigener Art.

Wie sind Sie eigentlich auf die Rezeption dieser Konzepte der Selbstreferentialität gekommen? Husserl ist klar, den konnte man lesen, weil der auf Deutsch geschrieben hat und auch seine Traditionen hatte.

Das war in der Literatur präsent in den sechziger Jahren. Wenn auch nicht in Deutschland, aber die großen Kybernetikkonferenzen der fünfziger Jahre waren gelaufen ...

Also, zum Beispiel dieser Begriff der selbstreferentiellen Operation – das muss man ja erst mal verstehen.

Ja, ja.

Mathematiker verstehen das sofort. Das haben die schon gelernt, wenn die sozusagen ein bißchen höhere Mathematik gemacht haben, aber ein Soziologe oder ein Jurist doch nicht.

Ja, ja.

Wie sind Sie mit diesen Konzepten klar gekommen, diese in sich schließenden, das Denken in sich schließenden Figuren.

Ja, also eigentlich aus dem Interesse an Gesellschaftstheorie, denn Gesellschaft ist ja nicht ein makrosoziologisches Phänomen. Das kann man nicht begreifen, wenn man die Scheidungsraten oder die Migrationsraten hochrechnet, und dann mit, was weiß ich, Rechtsfragen oder so korreliert. Die Soziologie hat die Unterscheidung von Makrosoziologie und Gesellschaftstheorie nie wirklich gemacht, und deswegen ist auch eine Gesellschaftstheorie nicht entstanden. Und für mich war bei dem Phänomen Gesellschaft immer entscheidend, dass die Gesellschaft in der Gesellschaft konstruiert und beschrieben wird. Die Operationen der Gesellschaft finden in der Gesellschaft statt, und es gibt keine kommunikative Position außerhalb der Gesellschaft, von der aus man über die Gesellschaft reden könnte. Das ist immer schon in der Gesellschaft.

Genau, das ist insofern ärgerlich.

Ja, ärgerlich …

Bei der Naturwissenschaft ist das anders.

Ja, ja. Gegenüber klassischen Subjekt/Objekt-Unterscheidungen, nicht? Oder der ganzen Epistemologie, der normalen Methodenlehren und so.

Trotzdem müssen wir ein paar Missverständnisse diskutieren, die es nach wie vor gibt: Nämlich ein selbstreferentielles Modell Gesellschaft zu beschreiben lässt die Antworten offen, wozu das Ganze geschieht. Während klassische Gesellschaftstheorien immer zunächst behaupten, genau zu wissen, wofür das Ganze geschieht, nämlich zur Verbesserung der Welt oder zur Entfaltung des Subjekts. Das heißt, die Zweckbestimmungen, auch die unausgesprochenen bis hin zu den transzendentalen Dimensionen der Voraussetzungen des Denkens bestimmter Modelle sind sozusagen vorgängig da. Ihre Theorie geht völlig anders und kann die Frage nicht beantworten, warum das geschieht. Sie haben mal irgendwann einen schönen Satz gesagt, hoffentlich stimmt er: »Es wird gleichzeitig immer alles besser und immer alles schlechter.«

Also, ich denke, dass mein Ausgangspunkt immer ist: ein Defizit in der gegenwärtigen intellektuellen Landschaft, was immer wieder dazu führt, dass einzelne Gesichtspunkte hochgezogen werden und dann für das Ganze verkauft werden. Da spricht man von der Risikogesellschaft oder von der Informationsgesellschaft, wenn man meint, das alles über den Computer besser begreifen zu können oder die Verteilungsungerechtigkeit des wirtschaftlichen Wohlstandes als das Zentralproblem der modernen Gesellschaft. Aber wie kommt es zu diesem Urteil? Die Frage ist: Wieso weiß jemand, dass es darauf ankommt und auf nichts anderes? Und ich finde, dass das gegenüber den möglichen intellektuellen Ansätzen einfach unzureichend ist, und man das besser machen könnte. Das heißt nicht, dass man Missstände verschleiert oder nicht entdeckt. Wenn man sieht, wie Leute in Favelas leben, gibt es schon Anlass nachzudenken. Und eine Gesellschaftstheorie, die nicht in der Lage ist, das Verhältnis von Globalisierung auf der Ebene von funktionalen Großsystemen einerseits und den Missständen regionaler Art andererseits – wenn das nicht als Thema vorkommen kann, ist irgendwas nicht in Ordnung.

Aber das kann in einer marxistischen Gesellschaftstheorie auch ganz leicht vorkommen, da heißt das eben Spätkapitalismus und Verelendung.

Ja, gut, aber dann läuft das über Ausbeutung oder so. Und wenn man dann in die Favelas geht, dann sieht man, dass da gar nichts auszubeuten ist. Ja, ich nehme an, dass die Mechanismen der Inklusion von Personen in Funktionssysteme das Zentralproblem sind. Also, man ist rechtsfähig, man kann Rechtsstandpunkte vertreten, dann, wenn man im Recht ist, durchsetzen, was man schon bei Euripides lesen kann. Aber dann sieht man, dass es Leute gibt, die das gar nicht können oder die gar keinen Zugang zu Gerichten haben und sich auch nicht vorstellen können, dass das möglich wäre. Und dann fragt man sich, wie kommt diese – bei einer Universalinklusion aller Personen ins Rechtssystem – faktische Exklusion zustande? Damit ist noch keine Erklärung, keine Antwort auf die Frage gestellt, aber das ist sozusagen die Frage, nicht? Das hat nichts mit Ausbeutung zu tun.

… sondern das hat mit einer paradoxalen Struktur zu tun.

Offenbar mit der Tendenz, dass Inklusion nicht ohne Exklusion zu haben ist, und dass sich eine Art negativer Integration ergibt, wenn man …

Heißt das – entschuldigen Sie, wenn ich es wieder ganz simpel verstehe –, dass es für ein funktionierendes Rechtssystem unserer Hemisphäre Slums an anderer Stelle der Welt geben muss?

Nein, so würde ich das eigentlich nicht sagen. Ich meine, dass es ein Weltrechtssystem gibt, dass es ein Netz von Versicherungs- und Haftpflichtvorsorgen und so etwas gibt, und dass Eigentum transferierbar ist und so weiter einerseits; dass aber die Teilnahme an diesem Rechtssystem abhängt von Teilnahmen an anderen Funktionssystemen, und wenn man da eine Teilnahme sozusagen herausbricht, dann kollabiert das Zusammenspiel. Und wenn das an zentraler Stelle geschieht, dann gibt es nur noch die negative Integration: Ich habe keinen Ausweis, also kann ich keine Sozialhilfe beantragen; ich kann keine Sozialhilfe beantragen, also kann ich keine Wohnung haben; wenn ich auf der Straße lebe, kann ich meine Kinder nicht zur Schule schicken. Dann gibt es dieses negative Feedback. Das müsste man beschreiben können und das heißt, weder es zu rechtfertigen noch Wege zu zeigen, wie man davon wegkommt. Also, wenn man Maßnahmen ergreift, dann muss man sehr spezifische Ziele haben und sehr spezifische Randbedingungen haben. Wir können nicht die Gesellschaft verbessern, aber man kann natürlich sehen, dass man bestimmte Exklusionen abschwächt, die sich ergeben, wenn jemand eben kein Einkommen hat oder …

Nach welcher Maßgabe eigentlich? Wenn uns die Gesell-schaft selber keinen Maßstab gibt, wo sollen wir den Maßstab hernehmen, das eine abzuschwächen und das andere zu stärken?

Ich weiß nicht, ob ich es Maßstab nennen würde, aber jedenfalls ist die globale Ordnung auf funktionaler Differenzierung aufgebaut, das heißt, das Recht, die Politik, die Wirtschaft, die Erziehung und so weiter sind relativ autonome Subsysteme und nur in der Regionalisierung dieser Trennung gelingt es nicht, die denn noch mal zu kopieren, in Brasilien oder in der Sowjetunion. Ich meine, alles hat ja auch eine historische Seite. Der faktische Zustand ist eben durch eine Geschichte geprägt, die sich nicht einfach ignorieren lässt im Sinne einer »Wir-machen-es-besser«-Politik, und an der Geschichte hängt natürlich auch viel an positiven Möglichkeiten. Wenn man zum Beispiel eine Wirtschaft hat, die im Wesentlichen über Familien integriert wird. Das ist ja zunächst einmal ganz unmodern, aber es ist typisch für die südchinesische Hongkong-, Taiwanwirtschaft, es ist typisch für Mexiko, es ist typisch für Brasilien und es kann dann als korrupt beschrieben werden. Und es kann auch wegen der Unfähigkeit, von dort aus wesentliche strukturelle Änderungen der Gesellschaft einzuleiten, kritisiert werden. Es kann kritisiert werden, weil der Staat sich neben einer solchen Großfamilienordnung nicht durchsetzen kann. Aber das erste ist, zunächst ja mal, dass man das zutreffend beschreibt und gewichtet und nicht mit Ressentimentbegriffen vorbelastet, also wie zum Beispiel Ausbeutung.

Gegenüber Ihrem Theorieentwurf ist es der Hauptvorwurf oder das Hauptmissverständnis, dass den Kritikern die Sinnhaftigkeit fehlt, überhaupt in dieser Weise über Gesellschaft zu reden. Ihnen wird vorgeworfen, dass er keinen Begriff von Ethik, auf jeden Fall keinen einer politischen Moral zulässt. Würden Sie dem zustimmen?

Ja, oder ich würde halt nicht sagen, ›nicht zulässt‹, aber abstuft, herabstuft. Dass die Politiker moralisch reden, kann man natürlich nicht übersehen. Dass Ethik eine Art von ... oder Ethikkommissionen eine Art von Veranstaltung sind, die es erlauben von Interessen zunächst einmal abzusehen, das hat einen bestimmten Platz in der modernen Gesellschaft, dass man sich für eine Problemdiskussion zusammenfindet, die von Interessen absieht und bessere Lösungen sucht. Nur ist das doch keine Gesellschaftstheorie. Man braucht eine Gesellschaftstheorie, um zu erklären, dass das auch vorkommen kann.

Aber nicht unbedingt vorkommen muss.

Nicht unbedingt vorkommen muss.

Also, Sie können aus Ihrer Theorie keine Gewähr dafür geben, dass nicht auch unmenschliche und faschistoide Systeme sich entwickeln.

Nein, wie sollte man das als faktische Möglichkeit ausschließen können? Wenn man das tut, dann läuft man ja blind in eine solche Situation hinein. Man kann doch bestimmte strukturelle Zwecke der modernen Gesellschaft erkennen und dann sehen, dass sie zum Beispiel Fundamentalismus zulässt und sogar ermutigt im Kontrast mit den Folgen von Globalisierung, die nicht jedermann willkommen sind.

Ihnen geht es also darum, die Bruchstellen zu beschreiben, um die Ideologien, die an diesen Bruchstellen entstehen – notwendigerweise entstehen –, so zu beschreiben, dass man denen adäquater gegenübertritt als sich möglicherweise falsch in sie zu verbeißen.

Es ist also ein bisschen Luft aus der unnötigen Aufregung herauszulassen. Und dann zu sehen, was man machen kann mit einem besseren Verständnis von strukturellen Widerständen und strukturellen Problemen.

Das Ethos Ihrer Theorie ist gleichsam, dass es keins gibt oder keins geben kann, sondern dass Ethik und Ethos etwas ist, das in der Gesellschaft einen ganz bestimmten Ort hat, eine ganz bestimmte Funktion, aber niemals die Theorie der Gesellschaft bestimmen kann.

Ich denke, es ist eigentlich die Frage: Was machen wir mit den Ausgeschlossenen, die nicht zustimmen. In der Wissenschaft, – da sollen die gefälligst eine bessere Theorie schreiben. Aber vom Ethos her, von der normativen oder moralischen Grundlehre gesehen, kann man eigentlich mit denen gar nicht umgehen. Die sind eben irgendwie Häretiker oder was immer. Ich finde, das Ganze nun auf ein, ein »bloß« wissenschaftliches Terrain rüberzuspielen, das finde ich auch wiederum politisch sinnvoll. Jede Behauptung von Kriterien, jede Behauptung von Ausgangspunkten, Prämissen und so weiter oder von Theorienstrukturen schafft ja immer Leute, die nicht zustimmen.

Ja, die sagen: Das ist nicht so.

Es ist nicht so oder es ist unakzeptabel, das so zu schreiben. Und was macht man mit denen?

Die haben halt unrecht.

Ja, wenn man eine normative Grundlage für die eigene Theorie behauptet. Wenn man das nicht tut, wie ich es versuche, dann sagt man: Dann schlagt mal was vor, macht es doch besser, macht doch eine bessere Theorie, die also eure Gesichtspunkte besser in den Vordergrund rückt oder was immer.

Eine Theorie ohne normative Grundlagen, ist die überhaupt möglich?

Ich denke, ja. Natürlich, es hängt davon ab, was man unter normativ versteht. Aber wenn man mit der Theorie zugleich vorschreibt, dass andere sie annehmen müssen, oder sonst in irgendeine Zone des Schlechten, der Unmaßgeblichkeit abrücken, dann finde ich, ist das erstens nicht wissenschaftlich gesehen, denn man müsste ja den anderen die Chance geben, das besser zu machen von ihren Vorlieben her; und außerdem braucht man das gar nicht. Und das meine ich eben mit dem politischen oder moralischen Gehalt von Theorie. Wenn die das in Anspruch nehmen, klassifizieren sie ihre Gegner damit, und das möchte ich vermeiden.

Also, Sie haben an anderer Stelle mal etwas Ähnliches gesagt. Sie haben gesagt: Meine Theorie ist so etwas wie ein Experiment. Aber auch für Experimente muss es gemeinsame Ausgangsbedingungen geben. In der Naturwissenschaft gibt es eine messbare Natur und eine Mathematik, von der wir ja auch nicht so genau wissen, warum sie so ist, wie sie ist, aber sie ist so. Und mit Hilfe von Messungen und Mathematik schafft man eine Grundlage, über deren Ethik und über deren Sinnhaftigkeit schwer zu diskutieren ist. Aber wie ist das in der Gesellschaft?

Also, ich denke, die erste Aufgabe – deswegen Experiment – ist, einmal eine Struktur vorzustellen, die man dann verbessern oder ablehnen kann; wo man sich überlegen kann, wie können wir eine Alternative konstruieren, die anderen Interessen besser gerecht wird und zugleich in der Komplexität überlegen ist. Aber wenn man gar nicht erst versucht, solch ein Formenwerk zu produzieren, dann ist eine Aufgabe, die an sich da ist, nicht bedient. Jeder Kollektivsingular ist so verhängnisvoll, weil da einfach eine Nichtthematisierung des zentral-sozialen Problems – viele Menschen erleben und handeln gleichzeitig – vorliegt. Und da gibt es keine Ordnung in der Gleichzeitigkeit. Subjekttheoretiker oder die Sinntheoretiker geben darauf eigentlich keine Antwort.

Aber gleichzeitig haben die den Vorzug – oder behaupten den zumindest – glaubwürdig zu sein. Das, was Adorno ja nie verheimlicht hat, dass es eine sehr persönliche, eine sozusagen ins Individuum hineinreichende Motivation seines Denkens gibt, nämlich das, was er nichtidentische und eben auch personale Erfahrung nannte ...

Ja.

... des vielleicht privilegierten Intellektuellen. Das sind alles Dimensionen, die Ihrer Theorie nicht vorausgehen, und die sozusagen von den Kritikern auch vermisst werden, weil sie gar nicht verstehen, wie man ein Gedankengebäude konstruieren kann, das auch noch als ein Experiment funktionieren soll, ohne dass der Experimentator Farbe bekennt.

Ja, ich meine, das kann man relativieren. An sich habe ich natürlich schon den Eindruck, das Gefühl und auch den

Willen, das zu bekennen, dass die Theorie etwas leistet: ein besseres, komplexeres Verständnis der modernen Welt.

Und das wird aber bei Ihnen nur erreichbar sein durch eine bestimmte Vollständigkeit.

Ja.

Denn die anderen haben es ja vorweg schon beantwortet, dass sie, sozusagen in Anführungszeichen, bestimmte »Haltungen« mitteilen, die, wenn man sich mit ihnen identifiziert, Heilung bringen.

Das sehe ich einfach nicht, oder ich sehe es nur als eine Spätfolge von, sagen wir mal, Phantomschmerzen, die man im 19. Jahrhundert mit Sinnverlust bezeichnete und, was weiß ich, Entfremdung und Ausbeutung und all diesen Begriffen. Die reagierten auf eine komplette Veränderung der Gesellschaftsstrukturen um 1800, also die Ermordung des Königs, die Beschäftigung der Leute außerhalb der Häuser, Schulen, Fabriken, Büros usw. usw. Es hat also so viele Brüche gegeben in der Tradition, dass infolgedessen gleichsam so eine Formulierung wie Sinnverlust oder Mangel an Selbstverwirklichung oder Emanzipation (was immer das dann bedeuten kann) auftaucht. Aber das ist keine ausreichende Grundlage, das ist eine Art von Reaktion auf etwas, das in der Reaktion nicht begriffen wird.

Phantomschmerzen.

Ja, weil es auch Mutation war. Früher war man in der Gesellschaft geborgen und aufgehoben und hatte seinen Platz, einen guten oder schlechten. Und das ist jetzt vorbei und genau deshalb kommt diese Klage – Sinnverlust, Orientierungsverlust und so etwas.

Das heißt, es gibt überhaupt niemals transzendentale Voraussetzungen des Denkens. Das haben Sie ja auch in Ihrer Husserlrede deutlich gemacht, dass Sie Husserl lesen minus Transzendentalsubjekt.

Ja, ja. Im Wesentlichen kann man das über Selbstreferenzfiguren einbeziehen, denke ich. Dass man also, wenn man sagt, die Gesellschaft kann nur in der Gesellschaft beschrieben werden und die Beschreibung muss eine Operation sein, die die Gesellschaft toleriert, also Kommunikation – dann ist das eigentlich aufgefangen, denke ich. Nur es ist zirkulär geworden, irgendwie. Und es ändert sich historisch mit der Veränderung von Aufmerksamkeitsschwerpunkten, die die Gesellschaft selbst erzeugt oder auch mit der Hilfe von den Theoriefiguren, die etwas beleuchten und etwas anderes abdunkeln.

Vorsicht vor zu raschem Verstehen

Niklas Luhmann im Fernsehgespräch mit
Alexander Kluge

Alexander Kluge: Sie sind 1927 geboren. Welche Vorstellung verbinden Sie mit dem Jahr 1927?

Niklas Luhmann: Also – mir genügt, dass ich geboren bin.

Musil, zum Beispiel, beschäftigt sich mit den zehn Jahren vor seiner Geburt und auch mit seinem Geburtsjahr sehr stark.

Das habe ich eigentlich so nie erwogen, aber ich weiß nicht, ob Ihnen der Name Gumbrecht etwas sagt? Der schreibt jetzt ein Buch über das Jahr 1926*, was da alles so passiert ist. Zum Beispiel: Heidegger wurde dazu gezwungen, sich zu habilitieren ...

weil er ...

... und schrieb sein Hauptwerk »Sein und Zeit« noch in dem selben Jahr.

Und das ist Gumbrechts Geburtsjahr?

Nein. Aber es geht um die Vorstellung, was in dem Jahr passiert sei, sei irgendetwas besonderes.

---

* Hans Ulrich Gumbrecht, »1926. Ein Jahr am Rand der Zeit«, 2001.

Sammeln ist also nicht Ihre Art?

Nein, nein, gar nicht. Ich schätze allerdings die Rolle des Zufalls sehr hoch ein. Auch in dem gesamten Evolutionskontext.

Sie sagen irgendwo, dass ein gesamter Lebenslauf aus lauter Zufällen bestünde. Sind Sie wirklich dieser Meinung?

Ja. Man muss natürlich Zufälle erkennen und ergreifen können! Und das setzt eine gewisse Vorbereitung voraus.

Beharrlichkeit.

Ja! Zum Beispiel, auch die ganze Liebesinszenierung setzt ja auch Vorbereitung voraus. Man hat Romane gelesen, Klopstock zum Beispiel, und so weiß man schon was. »Und dann kam sie und dann war es Leda* und dann war es halt um ihn geschehen.« Es geht um diese Präpariertheit. Denn wenn er vorher keinen Roman gelesen hätte, dann hätte er Leda vielleicht gar nicht gefunden.

1944 sind Sie Luftwaffenhelfer, steht in Ihrer Biografie.

1943.

Das heißt, 1945 sind Sie sozusagen richtig im Kriegseinsatz, werden gefangengenommen?

Also, die ganze Kriegssituation kommt mir noch heute in Träumen wieder hoch, dass geschossen wird und Bomben fallen. Dann zählt man halt und hat aber schon Erfahrung genug zu wissen, dass man sich nicht gleich auf den Boden werfen muss, weil es da nass ist. Sondern sich etwas

---

* Vgl. Ludwig Tieck: *Franz Sternbalds Wanderungen.* In: Ders., Werke in vier Bänden, München 1963, Bd. 1, S. 966.

weiter entfernt ein Plätzchen suchen muss. Es pfeift noch ein bisschen, bis sie endlich platzt.

Wo waren Sie da?

Das war Heilbronn, da wurden wir in der Stadt auch ziemlich verbombt. Aber unabhängig davon: Vor der Geburt war ja gar nichts, und im Krieg hatte man das Gefühl, jetzt sind wir in dem Zustand, wo es nicht schlimmer werden kann. Wenn man sieht, wie jemand, der neben einem läuft, eine Granate ins Gesicht bekommt, und wie er vorher und wie er nachher aussieht, da hat man dann das Gefühl: Worüber jammern die Leute heute eigentlich ...

Rechtswissenschaften haben Sie dann studiert. Wie kommen Sie darauf?

Ja, da schien es mir ein bisschen ordentlich zuzugehen. Und ich habe mir die Vorstellung gemacht, dass man im juristischen Bereich doch wenigstens erkennt, warum etwas so gemacht wird und nicht anders. Mich interessierte daran eigentlich das Ordnungsproblem. Zunächst nicht so sehr, später dann, im Laufe des Studiums mehr und mehr. Auch das Argumentationspotenzial.

Und Sie sind dann irgendwann Oberregierungsrat, 1954.

Zunächst musste ich ja erst den Referendar machen. Das ging erst 1953. Dann habe ich ein Jahr lang mehr oder weniger in Bibliotheken gelebt ...

In Bibliotheken, warum?

Weil ich etwas arbeiten wollte, lesen wollte, Italien, Paris ... Dann allerdings musste ich natürlich auch für mein Einkommen sorgen, und machte dann sehr rasch, in einem Jahr in einem Oberverwaltungsgericht, eine ganz unkonventionelle Karriere.

Als Verwaltungsbeamter.

Ja, und kam dann ins Kultusministerium. Da ging es um den Aufbau einer Ordnung für die nichtpublizierten Gerichtsentscheidungen. Gleichzeitig war ich Assistent des Präsidenten und eine Art Gutachter in den Senaten. Von dort aus bin ich dann in ein Ministerium gegangen, aus Anlass eines Regierungswechsels in Hannover, um die Prozesse, welche die alte Regierung verloren hatte oder mit Sicherheit noch verlieren würde, zu untersuchen, gegebenenfalls abzubrechen, und bin dann im Ministerium geblieben.

Wenn Sie zum Beispiel die Aufgabe hätten, in einem zweiten Leben, sozusagen im Konjunktiv gesprochen, Sie sollten eine Universität einrichten, eine »advanced studies« Universität, – wäre das etwas, was Sie sich vorstellen könnten?

Ja. Ich bin ja über Schelsky überhaupt in die Universitätslaufbahn aus Anlass einer Gründung gegangen, weil man die Vorstellung hatte, es würde alles anders werden.

An einer Stelle gibt es bei Ihnen den Ausdruck »Parallelpoesie«, dass man also etwas, was man theoretisch ausgedrückt hat, noch einmal in anderer Sprache ausdrückt. Was bedeutet das?

Das hat eigentlich den ganz konkreten Hintergrund, eines inzwischen verstorbenen Freundes, der genau das versuchte. Es ging darum, eine Art metaphysische Poesie (das ist jedenfalls meine Vorstellung, die aus meiner Theorie kam, er ist mit 79 gestorben, also Anfang der siebziger Jahre oder auch früher, wir kannten uns seit Studienzeiten) in eine sprachliche Form zu bringen.

Und dann wieder aufzulockern, zu verlangsamen.

Eigentlich nicht korrekt die Gedanken wiederzugeben, sondern auch das Komplexe etwas sprunghaft zu machen. Ich denke, dass auch die Poesie eine Reflexion hat, allerdings eine eigene. Man muss immer, das war eines der Gesprächsthemen mit dem Freund, die ausgeschlossenen Sachen mitbedenken.

Ja.

Also, wenn du von »Trockenheit« sprichst, meinst du »Liebe«? Wenn du von »Wüste« sprichst, was meinst du? Was willst du transportieren in dem Begriff? Kann das »Leben« sein? Es liegt mir in der Theorie sehr stark, dass ich immer mit Unterscheidungen arbeite. Alle Begriffe haben eine andere Seite. Und ich will Klarheit darüber haben, was ich ausschließen will. In der Poesie kann der Faden ja auf der ausgeschlossenen Seite laufen, und es wird dann so unsinnig, dass man besser auf der Parallelschiene versucht herauszubekommen, ...

... was der Sinn ist ...

... und wovon eigentlich die Rede ist.

Wenn man also ein Gedicht aus lauter Irrtümern machen könnte, wenn das möglich wäre, dann wäre das eine sehr interessante Spur in Ihrem Sinne. Könnten Sie mir jetzt einmal aus dem Kontext Ihres Liebesbuchs, »Liebe als Passion«, an einer Grundsituation »Komplexität« beschreiben.

Ich würde das jetzt auf die Ebene einer modernen Intimbeziehung beziehen und nicht unbedingt auf die literarischen Kontexte, die wir in dem Buch hauptsächlich vor Augen hatten. Also, die ständige Beobachtung zweiter Ordnung: Dass man alles, was man tut, unter der Annahme oder dem Mitbewusstsein tut, was würde sie oder was würde er sagen, wenn sie oder er das sähe, oder wie muss ich mich verhalten ...

... Was davon ist ein Liebesbeweis und was ist das Gegenteil eines Liebesbeweises.

Also, der Liebesbeweis ist dann eben das Sicheinlassen auf das, was man in den Augen des anderen ist. – Und das zu wissen! Also, nicht einfach sich zu fügen, sondern das auch zu wollen und der sein, den der andere oder die andere erwartet, dass man es ist.

Sagen Sie das einmal szenisch an einem Beispiel.

Man tritt ins Haus ein, dreht den Hausschlüssel um, die Frau ist in der Küche. Man möchte jetzt natürlich erst einmal zum Schreibtisch gehen und sehen, was die Post gebracht hat. Aber wenn man das tut, weiß man genau, dass sie darin eine Vernachlässigung sieht. Also geht man in die Küche. Sie aber weiß, dass man deswegen in die Küche geht, weil sie andernfalls annehmen würde, sie würde vernachlässigt werden.

Und das wiederum?

Das führt in die typische Familientherapie-Situation einer nicht ausgesprochenen Paradoxie: Ich tue das, was du willst mit dem Bewusstsein, dass du siehst, dass ich das deshalb tue.

Ja.

Es gibt eine sehr schöne Untersuchung von Alois Hahn*, einem Soziologen aus Trier, über diese Verständigungsebenen: Dass man sich darauf verständigt, sich nicht tiefenscharf verständigen zu müssen, sondern sich mit verschiedenen Bildern begnügt.

Also, die Verträglichkeit in der Intimität beruht auf Unschärfe?

Ja, auf Unschärfe und auf einem nicht ständigen Nachbohren. Man will nicht wirklich wissen, was der andere über einen denkt. Aber es kommt natürlich darauf an, dass das im Alltag funktioniert. Das gilt in Bezug auf Alltags-Ehen zum Beispiel, die sich von diesem Problem der Beobachtung des Beobachtens entlastet haben und Regeln dafür haben müssen, wie man die Kinder erzieht, wann man Gäste einlädt, welches Fernsehprogramm gut ist, wann man ausgeht und was an Essen wirklich unerträglich wäre. Also diese Art von Verständigungsroutinen spielen sich dann ein. Und in funktionierenden Ehen verdecken sie die Unmöglichkeit, wirklich zu wissen, was der andere ist oder was der andere denkt. Und was man selber will! Ich erinnere einen Fall aus einem familientherapeutischen Institut, wo die Partner völlig unglücklich waren, dass sie sich nie darüber verständigen konnten, wann es zum Geschlechtsverkehr kommen sollte: »Möchtest du heute? Ja, wenn du möchtest, dann mache ich es natürlich auch.« Also, dieses Abstimmen: »Ich tue es, wenn du es

---

* Alois Hahn (geb. 1941), Soziologe.

willst, – ich will es ja auch, aber ich möchte jetzt nichts sagen, weil ich dich sonst zwingen würde, ja zu sagen, obwohl du eigentlich gar nicht willst ...« Und die Regel war dann: immer freitags.

Und wie schaukeln die sich auf, dass es am Freitag zum Geschlechtsverkehr kommt?

Das weiß ich auch nicht. Mich hat die weitere Geschichte der Sache nicht interessiert. Mich haben nur diese Versuche interessiert, diese Pathologie des ständigen Reflektierens, was der andere von einem erwartet, und das gleichzeitige Einbringen eines Höchstmaßes an Selbstverwirklichung. Zum Beispiel der andere, wenn er liebt, müsste mich ja so lieben, wie ich mich selbst sehen möchte. Aber wie kann er das?

Wenn Liebesprofite sich zu einer solchen Börse aufschaukeln – was gibt es da eigentlich für Möglichkeiten, durch Bankrott wieder auf normalen Boden zu kommen?

Also, ich denke, dass Sensibilität sowieso eher eine Ausnahmesituation ist. Und darauf bezieht sich auch diese Forschung von Alois Hahn. Da geht es um junge Ehen, also Ehen, die ein paar Jahre existieren, wo man sich über Verständigungsrituale gleichsam abkoppelt voneinander oder lose koppelt und nur ausnahmsweise nachbohrt, was der andere wirklich will.

Eine gute Beziehung geht also zu den Rändern hin?

Ja, oder zur Routinierung von Verständigungs- oder kognitiven Routinen, auch um das »Ich sehe, was sie/er will, ich brauche nur hinzugucken«. Und diese Art Integration, die auch ein Gedächtnis aufbaut, ein kollektives Gedächtnis, das aus der Interaktion heraus produziert und reproduziert wird, aus dem heraus, was immer wieder vorkommt …

… kollektiv, das wäre ein Familiengedächtnis.

Ja, oder ein Zweiergedächtnis. Dann kommt natürlich das Problem der Kinder hinzu. Wenn man Kinder hat, sind die Verständigungsprobleme sozusagen fokussiert, man muss eine einheitliche Haltung gegenüber den Kindern gewinnen.

Koalitionen bilden.

Ja, und das sind dann eben die Fälle, die den Therapeuten interessieren. Das ist ja sehr häufig erst der Fall, wenn Kinder da sind. Und Kinder die Situation nicht diagnostizieren können, aber darunter leiden, wenn nicht ausgetragene Konflikte auf sie abgeladen werden. Das ist eine sehr komplizierte Situation. Aber ich glaube, das Kernproblem ist wirklich, dass wir dabei nicht von den Realitäten, sondern von einer Beobachtung zweiter Ordnung, Beobachtung des Beobachters ausgehen.

Ja. Wenn Sie ein Gedicht von Morgenstern nehmen: »Ein Hase saß auf einer Wiese / des Glaubens niemand sähe diese / derweil mit Hilfe eines Zeisses / betrachtet von verhaltenen Fleißes ihn der Forstadjunkt / ihn wiederum betrachtet Gott still und stumm«. Was wäre jetzt die Differenz einer solchen Betrachtungsweise bei Ihnen? Eine Betrachtungsweise von drei Seiten.

Das ist eine Kettenstruktur.

Und es ist eine hierarchische Struktur.

Ja.

Und das wäre es bei Ihnen nicht?

Nein, bei mir wäre es eine reziproke Struktur, begrenzt auf Funktionssysteme. In der Wirtschaft zum Beispiel, am Markt: Wenn man beobachtet, ob der Markt auf unsere Preise anspringt oder ob wir unsere Preise ändern müssen. Deswegen waren ja die fixierten Preise des sozialistischen Ostblocks so eine Katastrophe. Da lernen sie gar nichts. Sie können nicht beobachten, wie sie beobachtet werden. Bei beweglichen Preisen kann man beobachten, wie der andere das Produkt beurteilt, ob er kauft oder nicht kauft. In der Politik spielen die Medien diese Rolle. Man stellt sich vor die Medien und sieht, wie man beobachtet wird, und rechnet ein, wie man beobachtet wird ohne das Problem zu haben, was irgendjemand in seinem Inneren wirklich denkt oder fühlt.

Bei der Moral, sagen Sie einmal, sie ist kriegserzeugend …

Ja, »polemogen«, ein aus dem Französischen kommendes Wort. Ein Freund hat es benutzt. Denn einerseits entsteht Moral ja aus dem Streit; denn wenn man sich sowieso verständigt, braucht man ja nicht zu moralisieren.

Nein.

Aber wenn ein Konflikt da ist, dann kann es einen Grund geben, Kriterien anzuwenden, unter denen man sich selber – und der andere sich – zu achten oder zu missachten hat. Und wenn man dann noch die Kontroverse fortführt, gibt es eben einen moralgeladenen Streit. Das heißt, da steht dann plötzlich die Selbstachtung auf dem Spiel, was dann im Duell enden kann. Oder, in modischeren Formen, in der wechselseitigen Beschmutzung.

Und wie ist es jetzt bei der Liebe als Passion in der modernen Form? Ist sie auch kriegserzeugend oder ist sie indifferent dafür?

Das würde ich nicht unbedingt sagen. Ich würde eher sagen, dass sie Tendenzen hat ins Pathologische, also in die Überbeanspruchung und gleichzeitig in die Enttäuschung. Also, man muss mehr leisten, als man gedacht hat und kriegt weniger heraus. Natürlich ist im Bereich der Sexualität ein Tauschverhältnis schwer zu kontrollieren: Wer hat mehr davon? Das ist oft nicht so ganz klar. Aber in der Liebesthematik selbst ist diese diffuse Reziprozität ein Anlass, auf versteckte Probleme aufzulaufen, die nicht ausgesprochen werden können.

So dass man sagen könnte: »Hans im Glück« – Ich will besser, reicher werden, Liebe soll mich besser machen, soll mich mehr zu mir selbst machen, das wären also Tauschverhältnisse.

Ja, aber mit unklaren Leistungsbedingungen und vor allem: Hans ist ja nur eine Figur. Aber Hans und Lisa, wer hat mehr davon? Und wer muss Rücksicht auf den anderen nehmen?

Aber könnte man sich vorstellen, dass der Kapitalismus, das freie Unternehmertum, das Schatzsuchen und das Schatzbilden – das in der Realität doch sehr schwierig geworden ist – jetzt im Privatbereich, zurückgenommen im Subjekt, in die Liebesbeziehungen eingeführt wird, so dass dort der Kapitalismus in diesem Moment so richtig ausbricht: Dass man Mehrwert heckt durch den anderen, – ich werde besser durch den anderen?

Aber, – das würde doch voraussetzen, dass eine Verrechnungsgröße an Geldäquivalent da ist, und das ist ja eigentlich nicht …

… das Geld, da haben Sie völlig recht. Aber es könnte doch sozusagen etwas Kostbareres, etwas Illusionäreres als Geld sein, es könnte Naturalientausch sein.

Also, mir würde eher einleuchten – entgegengesetzt, aber ähnlich argumentiert –, wenn man sagt, die Lebensbeziehung ist eine Form, in der man sich von Enttäuschungen erholen kann, oder, wo man über alles reden kann, nach allem gefragt werden kann, wo man für alles Verständnis finden kann. Also, jedenfalls war das so …

… zunächst umsonst oder im Tausch gegen Naturalien und jetzt …

Wo man wirklich als Person noch zählt …

Und wenn ich jetzt zurückgeworfen werde, dort genau meinen Vorteil zu suchen – weil ich mich sonst ja nicht realisieren kann und expandieren kann, und dort könnte ich es noch einmal –, dann wäre ja die Anforderung nicht nur Spontaneität, Exklusivität und alle diese Dinge, sondern es käme ja jetzt noch etwas hinzu bei der Glückssuche im Privaten …

Es mag so laufen, aber andererseits ist das zu flächig gezeichnet in Bezug auf die gesellschaftliche Realität draußen. Es gibt ja durchaus Gewinnchancen oder Erfolgschancen draußen. Es gibt Prominentenkarrieren, zum Beispiel. Man bündelt Aufmerksamkeit, lenkt sie auf sich und über sich auf andere und kann damit ganz gut zurechtkommen.

Wenn Sie von »Gegenwart« sprechen, was ist das? Ich meine jetzt mal richtig grammatisch: Gegenwart, Vergangenheit, Zukunft, Konjunktiv, Optativ.

Also, wenn ich es zeitlich streng meine, ist Gegenwart der Punkt ohne Zeitstrecke, in dem Vergangenheit und Zukunft different sind, von dem aus gesehen eine Zukunft eine Zukunft und die Vergangenheit eine Vergangenheit ist. Also: Das Differential – das ist Novalis, wenn man will –, das Differential von Vergangenheit und Zukunft ist die Gegenwart. Und das heißt auch, je mehr die Vergangenheit keine Versprechen für die Zukunft mehr enthält, desto wichtiger wird die Gegenwart als Bruchpunkt.

Wenn Sie von »Verlangsamen« sprechen und dass es wichtig sei, nicht alles schnell zu verstehen, sondern es auch sprachlich zu ermöglichen, dass sich etwas fängt, – hat das damit zu tun? Mit einer Ausdehnung der Gegenwart, dieses Moments?

Ich würde nicht von Ausdehnung sprechen. Ich würde nur sagen, dass man die Gegenwart nicht überlasten soll. Dass man also in Bezug auf Studenten zum Beispiel, oder bei einem Vortrag nicht so vorgehen darf: Jeder Satz ist gesagt, er kommt nie wieder, jetzt muss ich es verstanden haben, oder ich werde abgehängt und verstehe dann überhaupt nichts mehr, wenn ich das hier nicht verstanden habe. Sondern dass man Wiederholungsaufwand und Arbeitsaufwand einplanen muss, weil man noch Zeit hat, sich damit gründlicher zu beschäftigen.

Wie so ein kleines Labyrinth, in dem man Zeit verbringen kann.

Ja, dass man, wenn man sich in einer Sache engagiert, nicht die Vorstellung haben darf, es muss alles jetzt entschieden werden, sondern auch eine Art Gelassenheit haben muss in Bezug auf das, was man später noch mal gründlicher nacharbeiten kann.

Wenn Sie »verstehen« sagen, meinen Sie auch diesen kannibalischen Effekt: Ich eigne es mir an, ich schlage es tot durch Verstehen, ich verkürze es?

In diesem Zusammenhang vielleicht, aber nicht generell. Die Gefahr ist, das gilt insbesondere für langfristige Themenentwicklungen – also bei Talcott Parsons hat man das ja gesehen: dass das sehr lange dauert. Sein Unternehmen war ja ein lebenslanges Unternehmen ...

... das Unternehmen seiner Philosophie.

... seiner soziologischen Theorie.

Da haben Sie doch auch studiert, Sie kennen den.

Ja, ich kenne den gut. Er ist 1979 gestorben mit 77 Jahren. Davor war er ungefähr zehn Jahre lang völlig isoliert. Plötzlich, 1967, war es zu Ende und zwar brach es zusammen, ohne dass man eigentlich wusste weshalb, ohne Argument, ohne Kontrolle der Aussagen der Theorie. Es hing mit dem Marxismus zusammen, mit verschiedenen Formen der Kritik. Aber im Grunde war die Theorie in ihrer Entwicklung zu langsam, um den Modeströmungen der Zeit folgen zu können. Sie war eine Zeitlang – ganz ungewöhnlich für Amerika – och angesehen, sehr geschatzt und gleichzeitig die einzige wirkliche Theorie, die Amerikaner gemacht haben.

Und dann verlassen sie ihn alle.

Plötzlich. Alles weg.

Wie sah er aus?

Klein, exzellent gekleidet, ein englisch aussehender, auch mit englischem Akzent sprechender Amerikaner, immer völlig beherrscht, selten mit Humor, immer mit Ernst an der Sache, sehr offen für alle möglichen Themen. Immer fühlte er sich provoziert und hatte immer das Gefühl, seine Theorien umarbeiten zu müssen. Also sehr monoman auch im Theorienbasteln. Er ist der einzige Mensch, den ich so je erlebt habe.

Wie lange waren Sie da?

Über ein Jahr bei ihm und wir haben später immer mal Kontakt gehabt. Ich habe ihn zwei Tage vor seinem Tod in Deutschland getroffen und wir hatten ein längeres Gespräch. Er ist in Deutschland gestorben.

Woran?

Überlastung vermutlich.

Er hat also versucht, doch noch ...

Ja. Deutschland kam plötzlich – wir haben eine Tagung gemacht in Heidelberg mit Wolfgang Schluchter*, Habermas, Psychologen und ich, um die Parsons'sche Theorie zu studieren. Das hatte er in Amerika seit langem nicht erlebt, und er war so begeistert und so angetan von der Situation und sprach nicht mehr – er konnte ganz gut Deutsch – sprach aber nicht Deutsch, sondern Englisch.

---

* Die Tagung, ihre Entstehung und den plötzlichen Tod Parsons beschreibt Wolfgang Schluchter in: »Verhalten, Handeln und System. Talcott Parsons' Beitrag zur Entwicklung der Sozialwissenschaften. Frankfurt 1989.

Aber er resümierte 20 Minuten aus dem Stegreif, was er zu den Vorträgen sagen würde.

Wie eine Uhr.

Die Studenten waren dabei und waren ganz begeistert von Parsons, obwohl seine Theorie als konservativ und was immer verschrieen war.

Und im vollen Lauf stirbt er.

Ja, und dann, er wurde natürlich ausgebeutet, das Recla-Institut wollte ihn nach München haben, fühlte er sich nicht wohl, und nachts starb er plötzlich.

Es gibt eine sehr merkwürdige Entdeckung von Ihnen, nämlich das Buch »Laws of Form« *, »Formgesetze«, von George Spencer-Brown. Wer ist das? Haben Sie den Mann einmal gesehen oder besucht?*

Nein. Er hat mich einmal angerufen. Der Kontakt zu ihm ist außerordentlich schwierig, er soll jetzt eventuell nach Heidelberg eine Einladung angenommen haben, aber das bedeutet nicht, dass er auch wirklich kommt.

Sie haben ihn ja eingeführt in die Theorie, deutschsprachig.

Ja, außerhalb des engeren Bereichs der Mathematik. Ich wurde durch Mathematiker schon sehr früh, so 1970, auf ihn hingewiesen – 1969 ist die erste Auflage erschienen –, als wir versuchten, in Bielefeld einen Komplexitätsschwerpunkt zu machen, also Mathematik, Soziologie, Psychologie. Mit seinem Buch konnte ich zuerst gar nichts anfangen. Aber dann, vielleicht durch Heinz von Foerster** oder irgend-

---

* George Spencer-Brown, »Laws of Form«, 1969.
** Heinz von Foerster (1911-2002), Physiker und Kybernetiker.

welche anderen Anregungen, habe ich das noch einmal angeguckt. Es haben sich bei mir Lektürearten entwickelt, wo ich ab und zu einmal irgendetwas neu entdecke, was ich früher überlesen hatte, weil es ganz kondensiert geschrieben ist. Der Ausgangspunkt ist eigentlich, dass man alles über eine Unterscheidung macht. Man kann nichts beobachten, wenn man es nicht unterscheiden kann.

Geben Sie es mir einmal als Beispiel.

Es gäbe nichts, wenn man nicht etwas anderes außerhalb annehmen würde. Ein Glas ist beispielsweise nur als Glas zu bezeichnen, weil man nicht gleichzeitig die Flasche oder den Tisch oder Sie oder den Raum oder die Welt mitbezeichnen will.

Ein Glas an und für sich wäre nur eine sinnlose Größe. Man wüsste gar nicht, wofür man es verwendet ...

Nein, es muss immer unterschieden sein, damit es Konturen hat, damit es referierbar ist, damit es bezeichnungsfähig ist. Das heißt auch, dass der Formbegriff hier eine Grenze bezeichnet und nicht etwas Substanzielles, Gestaltetes oder so. Das ist, finde ich, neu. Denn normalerweise unterscheiden wir Form und Inhalt, Form und Materie, und sind sehr unglücklich mit dieser Unterscheidung, weil man sie eigentlich nicht brauchen kann. Hier ist Form einfach reduziert auf etwas, was für Zwecke bestimmter Operationen benutzt werden kann, wenn man etwas anderes ausschließt. Und dann hat man, was mich daran interessiert, eine Paradoxie, eine heimliche Paradoxie, die nicht bezeichnet werden kann am Anfang, weil nämlich die Unterscheidung für eine Bezeichnung nötig ist – aber was macht man mit der Unterscheidung von Unterscheidung und Bezeichnung? Da ist noch eine verborgene Unterscheidung. Man muss die Unterscheidung und die Bezeichnung unterscheiden können, man muss sie also als Unterscheidung bezeichnen können, um hier zu starten.

Können Sie das vielleicht szenisch, an einem praktischen Beispiel beschreiben?

Das ist so allgemein und gilt für jedes Beispiel. Also, wenn ich praktisch gut und schlecht unterscheide, dann habe ich auch einmal das Problem, warum mache ich diese Unterscheidung? Ich muss diese Unterscheidung wieder unterscheiden können. –

Wenn Sie zum Beispiel von Technik oder von Natur sprechen: Meinen Sie Natur im Unterschied zu Gnade? Oder zu Technik, oder zu Zivilisation?

Jeder hat völlig andere Vorstellungen von der Natur und man kann dann spielen und so tun, als ob man Natur immer von Gnade unterscheidet, und die reden in Wirklichkeit von Technik.

Wenn Sie es einmal für Bestialität machen.

Bestialität.

Was wäre der Gegenpol, also die Differenz?

Ich würde vermuten Humanität, wenn man die normale Sprache kopieren will. Aber zugleich, wenn jemand von Bestialität spricht, kann man vermuten, dass er in Wirklichkeit human gewertet werden möchte und dass seine Motive auf der anderen Seite liegen. Dass er, sagen wir einmal, auf der schlechten Seite der Gesellschaft entlang hangelt, um selber auf der guten lokalisiert zu sein. Das ist natürlich überhaupt nicht Spencer-Brown, technisch gesehen. Aber es ist eine Lehre, die man ziehen kann, und das habe ich mit ihm auch einmal telefonisch diskutiert.

Sie philosophieren dann telefonisch?

Er hat mich einmal angerufen.

Wie lange dauert so ein Gespräch?

Das hat eine halbe Stunde gedauert, da war er in Existenznöten und hat trotzdem eine halbe Stunde telefoniert.

Und kommen Sie dann so in Fachgespräche, und Sie können ihn auch sonst anrufen?

Ich könnte das machen, mache das aber eigentlich nicht. Aber wir versuchen ihn mal nach Deutschland zu bekommen, aber das ist sehr schwierig, weil er sehr englisch ist in der Art, wie er ...

Und er hat einmal dem Bertrand Russell, ...

Das ist sein Lehrer.

... dem hat er eine Untersuchung vorgelegt. Was war das?

Ich vermute, dass das diese Güterwagen waren, bin mir da aber nicht ganz sicher.

Was ist das?

Das ist ein Güterwagen. Also, wie kann man feststellen – es wird Ihnen gar nicht schwierig vorkommen –, wenn ein Zug in einen Tunnel hineinfährt und wieder herauskommt, ob es noch dieselben Güterwagen sind.

Ach.

Man kann das natürlich fotografieren. Das geht also auf einfache Weise, aber ...

Aber was ist das philosophische Problem dabei?

Das mathematische Problem ist, dass man die Wagen bezeichnen muss und zählen muss, und das mathematische Verhältnis von Zählen und Bezeichnen ist das Problem, das ist auch das ganze Problem der Form. Er, Spencer-Brown, markiert und operiert mit den Markierungen – mit nur zwei Axiomen – so, dass er die Arithmetik und die zweiwertige Algebratheorie rekonstruieren kann.

Man versteht ja als Laie die Problematik nicht. Man nimmt ja an, nach den Regeln der Wahrscheinlichkeit, dass der Tunnel und der liebe Gott nicht schummeln, dass das, was reinfährt in den Tunnel, auch wieder rauskommt. Ich stimme Ihnen zu, dass das eine Annahme ist.

Ja, aber wie kann man das beweisen? Die Mathematiker wollen ja so etwas dann immer beweisen. Und was ihn an diesem Problem offenbar, soweit ich ihn kenne, interessiert – er hat ja ein Patent auf diese Frage bekommen, ich weiß nicht, ob das je lukrativ ausgewertet werden konnte –, ist tatsächlich das Markieren, das Identifizieren mit dem Zählen zu kombinieren.

Das klingt ja für den Laien spitzfindig. Warum? Es ist ja offenkundig ein wichtiges Gesetz, was hier drin liegt.

Es ist eine Frage, die offenbar, ich bin ja auch kein Fachmann in Logik/Mathematik, logische Annahmen revolutioniert, also zum Beispiel dazu zwingt, dass die Markierung temporalisiert werden muss, dass also der ganze Kalkül ein Kalkül ist, der Zeit in Anspruch nimmt. Und ein Kalkül natürlich, der ohne Aussagen über wahr und unwahr auskommt, also kein logischer Propositionskalkül oder so etwas ist. Das Ganze spielt sich gewissermaßen auf dem Papier ab: Die »marks« – ein »mark« ist so ein

Häkchen – werden nebeneinander- und übereinanderge-
setzt nach bestimmten Regeln, und dann werden sehr
komplizierte Gebilde aufgebaut, die dann wieder mit
ganz einfachen Tricks aufgelöst werden können. Aber
das funktioniert nur als Sequenz von Operationen, also
nur in der Zeit. Es gibt hinten auf irgendeiner Seite der
Kommentierung des Kalküls die Frage, die bei Wittgen-
stein ihren Ursprung und vielleicht auch ältere Ursprünge
hat: Wie kann eine Welt sich selber beobachten? Wenn
sie aktiv wäre und irgendetwas bezeichnen wollte, was
sie nicht selber ist, dann wäre da doch schon eine Super-
welt entstanden. Also muss man annehmen, dass es in
der Welt Reflexionszentren gibt, die etwas bezeichnen,
dadurch etwas von der Welt im übrigen unterscheiden
und in dieser Unterscheidung selber nicht vorkommen.
Das ist dann der blinde Fleck – der Beobachter kein Teil
der Unterscheidung. Warum aber unterscheide ich mich
durch besonderes Interesse an mir, kann wieder jemand
anderes fragen. So gibt es diese Zirkularität der Rückfrage
auf den Beobachter, der in der Beobachtung vorausgesetzt,
aber unsichtbar ist. Der Kalkül löst das am Ende auf in
einer Figur des »reentry«, des Wiedereintritts des Unter-
schiedenen in die Unterscheidung.

*Ich habe Ihnen vorhin von einem Frontlazarett erzählt
im Jahre 1916, das unter Artilleriebeschuss liegt. Eine
italienische Operntruppe trifft ein und spielt jetzt alle
Schemata durch, die in der Codierung von Intimität in
der Fassung der Verdioper vorkommen. Dann wird das
Ganze in einem Artillerietrommelfeuer begraben.*

Das heißt, dass man eigentlich zwei Unterscheidungen
hat. Die Unterscheidung der Musik: welche Stimme, wel-

che Melodie, welches Thema; und die Unterscheidung Innen/Außen, also Artilleriebeschuss; und dass man diese Unterscheidung simultan handhabt und dadurch ...

... chaotische Geräuschform und konstruktive Geräuschform der Musik, Artillerie macht ja auch einen Ton, ...

Eine Frage: Sie beschreiben das als Beobachter der Gesamtszene?

Nein. Ich würde gerne von Ihnen wissen, wie Sie die Formenwelt, die hier aufeinander trifft, beschreiben würden, – die des Kriegs ist ja auch eine Formenwelt ...

Für mich ist eigentlich die Ausgangsfrage: Wer ist der Beobachter?

Ja.

Ist es der Sänger oder der Sänger, der auf einen Gesang reagieren muss?

Oder sind es die Lazarettinsassen, die auf ihre Genesung warten? Vielleicht hilft die Musik ...

Ja. ... oder ist es die Musikaufführung in Erwartung eines Angriffs oder einer Katastrophe, dann sind die Sänger gleichsam duale Beobachter, sie müssen sehen, wann ihre Stimme ihren Einsatz hat.

Nehmen Sie einmal an, der Opernzuschauer wäre der Beobachter, der sieht ja nur ein Stück, der hat ja keine Artillerie zu befürchten.

Der Oper von 1916? Oder ...

... der 1994 jetzt im Opernhaus eine Karte gelöst hat. Also, wir beide wären es, die da hineingehen. Was beobachten wir?

Wir beobachten die Indifferenz von zwei verschiedenen Unterscheidungen. Das ist an sich gar nicht so kompliziert. Als Zuschauer verstehe ich das Stück nur, wenn ich adäquat beobachte, indem ich sehe: Das ist eine Szene dieses Typs »Unterbrechung der Aufführung« – das ist ja alte Tradition im Theater: Es gibt Aufführungen in der Aufführung bei Shakespeare und wo immer.

Die Pause, das Missglücken.

Ja, oder in Hamlet. Da ich gewohnt und trainiert bin, eine Opernaufführung in der Oper selbst zu erleben in einem Kontext, der mehr gibt, als nur die Opernaufführung ...

... und jetzt ist aber das, was eingreift, definiert insofern, als es nicht Pause ist, nicht einfache Unterbrechung, sondern Zerstörung der Zuschauer und der Oper.

Aber es ist ein Unterschied, ob diese Situation ihrerseits wieder ins Theater eingeführt wird, ob also der Zuschauer nicht damit rechnen muss, dass er beschossen wird; oder er aber sieht, dass etwas, was für Fiktion gehalten wird, jetzt mit einer Realität in Verbindung gebracht werden kann, wobei er die Realität auch als Fiktion sehen muss. Denn es passiert ja jetzt nicht.

Und er ist jetzt fasziniert von der Fiktion. Er nimmt die Warnung, die hineingesprochen wird in den Zuschauerraum, nicht ernst. Sie haben das in Israel gehabt, als irakische Raketen losgeschossen waren, und das Konzert geht weiter. Die Vorführenden vorn und die Zuschauer zeigen Tapferkeit wie im Krieg.

Das Interessante ist doch eigentlich nur, wenn dieses Verhältnis, dieses Unterbrechungsverhältnis von externer

Realität und fiktionaler Story selber wieder zur Fiktion wird, dass man sich überlegen muss: Könnte nicht auch jetzt eine Bombe einschlagen oder ein Erdbeben auftreten oder ein Feuer ausbrechen oder was? Wer bin ich als Zuschauer, der ich erleben muss, dass so etwas vorgeführt werden kann? Für mich ist das Interessante an der Hamletsituation die Situation des Theaters im Theater, dass also das Verhältnis, was man zunächst einmal als Realität nimmt – Hamlet soll den Mörder ermitteln mit Hilfe eines Theaterstücks – auch wieder fiktionale Realität wird. Aber das Theaterstück ist Fiktion in der Fiktion, und der Zuschauer muss dann diese doppelte Realität als Fiktion buchen, denn es ist ja nicht ein wirklicher Mord. Ich finde die Situation eigentlich interessant, dass man das Theater oder die Oper in diesem Fall, dass man ihr die Glaubwürdigkeit nimmt, indem man eine andere Realität hinzuspielt, aber glaubwürdig war es ja sowieso schon nicht, denn man wusste ja, dass man in der Oper saß. Aber es bekommt eine zusätzliche Unglaubwürdigkeit, wenn man sieht, wie die Realität in das Theater, in das Operngeschehen eingreift und alles wieder zur Fiktion gemacht wird.

Aber wenn 1944 zum Beispiel die Opernmenschen an die Front geschickt werden, die Theater werden ja geschlossen, wenn hier das Fronttheater Oper macht – dann kommen diese Menschen ja wirklich in Gefahr. Sie hätten jetzt die Berührungsstelle, die wir ja übrigens in der Phantasie immerzu nachmachen: Das ist der Punkt, der mich interessiert, wo die Phantasietätigkeit in das Vorstellungsvermögen, in Realität überspringt. Unterscheidungen verwirren sich ja dann – es ist ein normales labyrinthisches Verhältnis.

Nein, die vertragen sich gar nicht! Man kann doch unterscheiden, ob da jemand singt oder ob ihn eine Bombe trifft. Wenn man die Vorstellung hat, da wird gleich geschossen, dass er dann ein bisschen anders singt als sonst ist eigentlich auch ...

Anzunehmen.

... anzunehmen. Die ganze Fiktion ist ja auch eine Realität, ich meine, es wird ja tatsächlich gesungen.

Ja.

Und es gibt eigentlich nur die Unterscheidung zwischen fiktionaler Realität und realer Realität. Dass das nun indifferieren kann, finde ich eigentlich nicht so dramatisch, allenfalls in der Perspektive, die Sie implizit schon eingenommen haben, nämlich zu fragen: Was sehe ich, wenn ich das sehe? Oder in der Perspektive: Was sehe ich als Zuschauer, wenn mir das im Theater vorgeführt wird?

Was wäre grammatisch der Konjunktiv für Sie, die Möglichkeitsform?

Es gibt vermutlich ganz verschiedene Notwendigkeiten, Konjunktiv oder Möglichkeiten konjunktiv zu machen. Aber zunächst einmal ist es eine Distanz zweier Realitäten, einer modalen, logisch könnte sein ...

... und Sie haben wieder Ihren Unterschied.

Ich kann nur in Unterschieden denken. Sonst würde ich fragen, nach welchen Regeln benutze ich Konjunktiv und nutze ich ihn wirklich aus in meiner Sprache oder nicht? Das ist dann nicht interessant.

Sie würden also sagen, Aufklärung wäre eine Massenproduktion von Unterscheidungsvermögen? Das könnte von Ihnen bestätigt werden?

Ja, wenn man weiß, welche Unterscheidung man zu unterscheiden hat.

Es gibt einen Satz von Ihnen: »Einmal in Kommunikation verstrickt, kommt man nie wieder ins Paradies der einsamen Seelen zurück.« Wenn Sie mir den Satz einmal etwas beleuchten.

Damit meine ich eigentlich: Wenn man das Paradies so nennt, wie man es in die Bibel hineininterpretieren kann, dann ist es eine Ordnung ohne Unterscheidung. Da gab es einfach dies und jenes, und so war es eben. Da war nichts weiter nötig, als sich zu ernähren oder sich zu freuen. Die Unterscheidung wurde ja eingeführt durch das Verbot. Jetzt plötzlich war die andere Seite da, die verbotene Frucht.

Das ist der Beginn aller Gesellschaften.

Jetzt plötzlich hat man Scham, man unterscheidet sich: nackt oder nicht nackt.

Männlich, weiblich. Im Paradies – jetzt draußen.

Man kann verführen! Adam hat wahrscheinlich nie eine Rippe vermisst, weil er sozusagen diese Rippe gar nicht unterschieden hat, aus der Gott Eva gemacht hat.

Sie wollen sagen, dass sie vor ihrer Geburt gar nicht da waren, aber das wäre paradiesischer Zustand noch.

Nein, im Paradies hat es zumindest ja Objekte gegeben, da war nicht nichts. Es soll sogar sehr schön gewesen sein. Nur es gab eben nicht immer die andere Seite, nicht immer das, wovon etwas unterschieden werden muss. Und es war insofern auch göttlich, denn man kann sich Gott sehr schwer vorstellen als einen Beobachter, der immer unterscheiden muss und das andere dabei unberücksichtigt lässt.

Und jetzt geht da, wie die Unruhe einer Uhr, das Wort Kommunikation davon aus und der Vorgang Kommunikation. Und der hat sich jetzt in der Evolution vermehrt.

Ja. Kommunikation beruht auf Sprache und Sprache ist ja nur möglich, wenn man das, was man mit Worten bezeichnet, unterscheiden kann, so wie die Worte es verlangen. Oder man unterscheidet, was gesagt wird und wer es sagt. Also Kommunikation kann nur laufen, wenn man nicht einfach das Verhalten sieht, wie es ist, sondern eine Unterscheidung einbauen kann.

Und in diesen Formen geht die Evolution für Sie weiter. Das heißt, sie geht nicht über unsere Kinder vermutlich, denn die könnten ja eine Mutation vermutlich gar nicht aushalten, die können diesen harten Gesetzen der Mutation gar nicht ausgesetzt werden, beziehungweise wir setzen sie ihnen gar nicht aus. Aber jetzt, auf der Ebene der Unterscheidungsvermögen, der Kommunikationen und damit erst der Systeme, gehen Evolutionen weiter.

Und viel schneller, als es organisch möglich wäre.

Es gibt in »Faust«, erster Akt, Stichwort Gegenwart, diesen Ausdruck: »Augenblick verweile doch, du bist so schön!«, so eine eigenartige Form der Gegenwart. Wenn Sie mir diesen Moment einmal in Ihren Worten beschreiben. Philemon und Baucis sind gerade umgebracht worden ...

Ja, ich denke, es ist einfach eine Utopie. Die Gegenwart ist immer ein »break«.

Er unterscheidet doch gar nichts in diesem Moment.

Nein. Das ist ja wie Rousseau auf der Ile St. Pierre, wo er nur noch das Plätschern der Wellen hat und keine Zukunft und keine Vergangenheit mehr, und ist glücklich.

Er hat doch schreckliche Dinge gemacht, also Menschen umgebracht und diesen schrecklichen Kanal gebaut. Das ist ja eine so negative Utopie.

Aber, wenn die Gegenwart verweilt, wenn nichts mehr geschieht, außer vielleicht bei Rousseau dieses Plätschern. Zeit ist dann trotzdem noch da.

Die Uhr steht still, der Zeiger fällt.

Die bloße Gegenwart – das kann man als eine Glücksutopie annehmen. Dann braucht man nicht darüber nachzudenken, was von der Vergangenheit gerettet werden muss, was relevant ist, was ich aufgeben kann. Man braucht nicht entscheiden, man kann nicht entscheiden.

Das wäre wieder im Sinne von Passion: Ich bin einen Moment stillgestellt.

Ja, und bilde mir ein, das bleibt so. Das ist ein Weg zurück ins Paradies, natürlich vor der Unterscheidung.

Ja, aber das nicht sozusagen am Ende eines gigantischen Denkprozesses eines Alchimisten! Eigentlich eine eigenartige, wenn Sie so wollen, eine Bankrotterklärung eigentlich: Die Bösen steigen auf in den Himmel, Kriminelle werden begnadigt und der Forscher bildet sich einen Moment Rückkehr ins Paradies ein.

Ja, es ist ein Zivilisationszweifel darin und auch eine Umkehrung, eine Positivwertung des Sündenfalls, die man ja im 17. und 18. Jahrhundert hatte: Gott sei Dank ist das passiert, jetzt können wir arbeiten, und jetzt geht's langsam aufwärts!

Wenn Sie nach Ihrer Neugierde gehen, würden Sie sich da für den Faust interessieren? Würden Sie sich für die Lemuren interessieren, für den Götterhimmel zum Schluss, oder für den Mephistopheles?

Wahrscheinlich für Mephistopheles. Also, meine Partie ist immer beim Teufel. Der unterscheidet am schärfsten und sieht am meisten.

Was würden Sie als eine Ihrer Haupteigenschaften bezeichnen? Neugier?

Bockigkeit.

Die Realität der Massenmedien

Niklas Luhmann im Radiogespräch mit Wolfgang Hagen

Wolfgang Hagen: Ihr Buch »Realität der Massenmedien« enthält Ihre erste größere und zusammenhängende Äußerung über die Systeme der Massenmedien, von denen Sie ganz schlicht sagen: Ihre Realität ist die, dass sie die Realität nicht abbilden.

Niklas Luhmann: Konstruieren, würde ich sagen. Aber es gibt keine dahinter liegende Realität, die für Kommunikation fassbar wäre.

... dass alles, was die Massenmedien abbilden, selbstbezügliche Bilder sind, die nur verständlich sind, wenn man die Massenmedien als System schon kennt.

Das ist eine Übertragung der Konstruktivismusthese aus dem üblichen epistemologischen oder Wissenschaftsbereich in die Theorie der Massenmedien.

Was aber auch bedeutet, dass die Selbstbehauptung der Massenmedien, detailgetreu und präzise sagen, was in der Welt vorgeht, von Ihnen stark in Zweifel gezogen wird.

Ja, es ist ein Aspekt des Systems, dass es eine Selbstbeschreibung anbietet und sagt: »Wir haben gründlich recherchiert« und so weiter – zum Beispiel im Bereich der Nachrichten. Es gibt ja Unterhaltung und alles andere auch noch, aber im Bereich der Nachrichten und Berichte, da wird gesagt: »Das ist also zuverlässig, so wie wir sagen, so ist es auch.« Das gehört aber zu den Selbstbeschreibungen des Systems, und für die Soziologie ist das immer eine Frage, wie weit man dem folgen kann oder wie weit man die Selbstbeschreibung dem System selbst zurechnen muss.

Aber die Redakteure der Tagesschau werden Ihnen erwidern: »Lieber Herr Luhmann, das hier ist ein Filmbericht eines Korrespondenten über die Vorgänge in Israel, und dieser Korrespondent ist mit den Vorgängen vertraut. Er hat uns diese Bilder und diese Zusammenstellung der Bilder geliefert. Das ist ja nicht unsere Selbstbeschreibung.« Was würden Sie erwidern?

Ich würde sagen, genau das ist die Selbstbeschreibung, dass man behauptet, es sei keine, oder anders gesagt, dass man den Realitätswert der eigenen Kommunikation behauptet und unterstellt, auch in gewissem Umfang kontrolliert. Man will natürlich keinen falschen Hitlertagebüchern aufsitzen und so etwas. Aber das allein erklärt ja den Effekt nicht, dass man also die ganze Welt jetzt inzwischen aufgrund der Beschreibung der Massenmedien kennt oder zur Kenntnis nimmt.

Sie haben ja die These sogar noch umgedreht und sehr pointiert behauptet – zweite Auflage, erster Satz: »Die Welt, die wir kennen, kennen wir durch die Massenmedien.«

Ja, ja.

Das heißt, Sie behaupten, wir kennen unsere Welt nicht – es sei denn durch die Massenmedien.

Ja. Im Großen und Ganzen schon. Ich meine, natürlich bleibt ausgenommen, dass ich weiß, ob ich meine Blumen begossen habe oder nicht. Das kann ich ja nicht im Fernsehen oder in den Zeitungen lesen. Also, es gibt so eine Nahwelt, die sich verfranst mit dem, was man dann über die Massenmedien kennt. Aber wenn man den Weltbegriff wirklich als Universum nimmt, ist das, glaube ich, richtig. Sie haben in Printmedien alles gelesen oder über die Medien gehört und dabei ist das, was die Nachbarin erzählt, von geringerer Bedeutung im Verhältnis zu dem, was das Fernsehen oder die Zeitungen berichten. Das ist ein prinzipieller Konstruktivismus.

Auf die Bedeutung dieses prinzipiellen Konstruktivismus für die Arbeit in den Medien möchte ich hinaus. Denn es relativiert die Bedeutung der Medien selbst ja an dem Punkt erheblich, dass man der Selbstbeschreibung, Selbstbehauptung oder unausgesprochenen Behauptungen innerhalb der Medien, sie würden nämlich die Wahrheit berichten, prinzipiell misstrauen muss.

Ich meine, die Frage ist, was jetzt mit Wahrheit gemeint sein kann. Dass es keine wissenschaftliche Wahrheit ist, die also auf Unsicherheit, auf Zukunft, auf »was fehlt uns noch« und so etwas bezogen ist, ist klar. Und dass wir die Realität, so wie sie wirklich ist, wenn es so etwas überhaupt gibt, nicht in die Kommunikation einbauen können, weil das immer eine Auswahl erfordert, das ist auch klar. Insofern: Der Einwand vermisst etwas, was es nicht geben kann aus meiner Sicht, nämlich eine direkte Übernahme von Realität, was immer das ist, in Kommunikation.

Sie sagen, wissenschaftlich sei es eher zweifelhaft, ob es so etwas wie Realität gibt. Andererseits sind die Massenmedien genau diejenigen, die den Menschen nicht allein suggerieren, sondern offen sagen: Seht, hier ist die Welt, so ist es! Das heißt, dass sie genau das Gegenteil von dem tun, was Sie sagen, dass sie sind. Der Wahrheitsgehalt wird aber bestätigt und unterschrieben durch Bilder, gerade im Fernsehen: »Ich habe gesehen, in Los Angeles, da waren die Schwarzen und die haben auf den Weißen geprügelt und da sah man die Unruhen.« Und Sie sagen: »Ob das alles wirklich so war, weiß ich nicht.«

Die eigentliche Frage des Konstruktivismus ist ja letztlich nicht so eine punktuelle: Stimmt es oder stimmt es nicht, sondern es ist die Frage: Wovon wird etwas unterschieden, was ist eigentlich der Kontext, in dem irgendwas profiliert wird. Und da, glaube ich, ist es, wenn es um Rassenunruhen geht, völlig klar: Man könnte in Los Angeles ja ganz andere Sachen sehen als Rassenunruhen. Man könnte technische Wunderleistungen oder was immer oder die Verkehrsströme oder das Klima oder was immer beobachten. Die Hintergrundthese ist, dass alles, was wir beobachten, bezeichnen, beschreiben, immer über Unterscheidung läuft. Es gibt immer eine andere Seite, die nicht berichtet wird.

Und deswegen schon ist der Wahrheitsanspruch falsch.

Ja, wenn man ein traditionelles Verständnis zugrunde legt, eine Korrespondenztheorie oder so etwas hat. Aber wenn man generell konstruktivistisch denkt, dann kann es nur so laufen, denn was von Wahrheit verlangt werden kann, ist je nach dem System verschieden. Also, in der Wissenschaft wäre das etwas anderes.

Eine Seitenfrage: Würden Sie den Zuschauern empfehlen, das konstruktivistische Denken zu lernen, oder ist Ihnen das vergleichsweise egal, dass jedenfalls 98% aller Zuschauer mit Sicherheit annehmen würden, was da passiert, das ist so. Weil sie den Einwand, den wir hier formulieren, ja überhaupt nicht kennen.

Ja, das ist wahrscheinlich. Ohne diesen Resonanzboden würde es gar keine Massenmedien geben. Man würde das ja auch gar nicht anstellen oder lesen, wenn man nicht annähme, es sei so. Man würde als Mitwirkung an der Kommunikation der Massenmedien das eigene Bewusstsein nicht zur Verfügung stellen, wenn man annehmen würde, es sei also zusammenphantasiert oder was immer.

Aber genau das – nicht zusammenphantasiert, aber zusammenkonstruiert – das ist Ihre These. Und ich bemerke (das haben auch andere, die Sie interviewt haben, bemerkt): Sie haben gar keinen Fernseher. Sie kommen also gar nicht in die Verlegenheit, an dieser Kommunikation teilzunehmen.

Außer im Hotel.

Da tun Sie es wahrscheinlich dann also extensiv.

Vor allem im Ausland, um die Sprache, um in den Sprachduktus reinzukommen.

Worauf ich hinauswill, ist: Es gibt da noch einen gehörigen Unterschied zwischen der Theorie der Massenmedien und dem, was ihr unausgesprochenes und oft auch ausgesprochenes Selbstverständnis ist. Die Theorie ist: Hier handelt es sich um ein im konstruktivistischen Sinne selbstreferentielles System. Das heißt, da ist fast alles selbstbezüglich.

Und ich kann das als Medienmacher auch vollkommen unterschreiben. Nur: Wenn man den Massenmedien glaubt und nicht in der Rezeption den Abstand erarbeitet, der dazu gehört, sie zu rezipieren, dann ist das ein anderes Verhalten als das Verhalten, das die Theorie macht.

Ja, ich meine, die Theorie reflektiert den Konstruktivismus und sagt, dass es eine Konstruktion ist. Aber sie sagt zugleich, dass das nur funktioniert, wenn man das nicht ständig reflektiert. Dass man also natürlich, wenn man Zeitung liest, annimmt, das, was da steht, stimmt oder allenfalls den Ausschnitt oder etwas anderes etwas mehr beleuchtet haben möchte ...

Finden Sie diese Art der offensichtlich notwendigen Konstruktion von kommunikativen Systemen nicht schrecklich?

Nein. Wenn ich sehe, dass es gar keine andere Möglichkeit gibt, Welt wahrzunehmen, als über Berichte, die immer etwas beleuchten, etwas unbeleuchtet lassen, immer ein »marked« und ein »unmarked space« erzeugen ...

... und diese Unterscheidung gleichzeitig verdecken, beides ...

Ja, ja, klar.

... also erstens selektieren und zweitens die Selektion verdecken.

Ja klar. Man kann eine Entscheidung nicht reflektieren, außer wenn man sie von einer anderen Unterscheidung unterscheidet. Aber, was ist das Problem? Ich meine, dass man, wenn man das realisiert, deswegen keine Zeitung mehr lesen würde, ist ja doch unwahrscheinlich.

Wenn man lange genug darüber nachdenkt, könnte man aufhören Zeitung zu lesen.

Ja, dann würde man an der Welt nicht mehr teilnehmen, die durch die Zeitung konstruiert wird.

Dann frage ich Sie, warum haben Sie keinen Fernseher?

Weil in den wenigen Momenten, wo ich Zeit habe, nie irgendwas kommt, was mich interessiert.

Es gibt also keinen prinzipiellen Ausschlussgrund ...

Nein, nein.

... diesem Medium gegenüber?

Nein, ich meine, was nachteilig ist, ist, dass es alles sequentiell läuft. Wenn man also irgendwo in eine Sequenz einsteigt und irgendwann wieder abschaltet, während man bei Zeitungen ja sich raussuchen kann: Ich lese jetzt nur noch die Börsennachrichten, und ich lese Sport auf keinen Fall, aber vielleicht Firmennachrichten aus der Wirtschaft oder ich lese Politiknachrichten, aber nicht das, was in den Parteien vor sich geht usw. Man kann dann also Schwerpunkte wählen und auch den Zeitpunkt bestimmen, in dem man etwas liest. Das ist eine sehr persönliche Teilnahme an Kommunikation entgegen allem, was man von Massenmedien hört. Man wählt sehr persönlich aus, den Zeitpunkt, den Ausschnitt und so weiter, und das ist nicht vorgegeben durch die Drucktechnik. Aber es ändert nichts daran, dass man, was immer man auswählt, wieder in die Konstruktion einer Welt hineingesogen wird.

Welche Funktion hat Unterhaltung da?

Ich will zunächst mal die Form der Unterhaltung beschreiben. Es geht um die Auflösung einer selbsterzeugten Ungewissheit oder Spannung. Eine Quizsendung: Was werden die jetzt sagen, wer kommt auf das Richtige? Oder ein Roman: Wie geht es weiter, und die Technik des Romans ist ja wesentlich die, dass man die Auflösung von Ungewissheit mit den Mitteln erzeugen muss, die vorher schon im Roman gegeben waren, dass man also eine rekursive Schleife ziehen muss: Aha, deswegen ist es so und so gekommen und …

Im Fernsehen werden ja wenig Romane dargestellt.

Ja.

Es ist voll von »patterns«, voll von Typen, von, wenn Sie so wollen, Kurzromanen …

Ja, ja.

… in Form von Gestalten, die sich irgendwie bewegen; sehr viel Sensation, sehr viel Gewalt, sehr viel Action …

Da ist alles sehr viel kurzfristiger, aber auch da kommt man, glaube ich, nicht um die Erzeugung und Auflösung von Ungewissheit herum.

Das ist sozusagen der Grundmaßstab von Unterhaltung.

Ja, für mich.

Es geht jetzt auch um die theoretische Frage, warum Massenmedien so elementar auf Unterhaltung basieren. Wenn es die nicht gäbe, gäbe es sie nicht. Nachrichten, die wir vorhin diskutiert haben, die behaupten, die Welt abzubilden, obwohl sie es nicht tun, sind ja eh marginal für den Zuschauer. Der Zuschauer rezipiert vor allem die fiktiven Welten der Unterhaltungsform.

Ja, ich weiß nicht, ob ich das so radikal ausdrücken würde. Denn dann könnte er von vornherein auf den Unterhaltungssektor, der dazu bestimmt ist, dies zu tun, sich beschränken. Ich weiß nicht ... Wenn man die Börsennachrichten jeden Tag liest und sieht, dass die Bauaktien sinken und die Chemie steigt und so etwas, ist es ja auch eine Information über die Welt. Wir bauen, wir bauen zu viel Bürohäuser im Moment, Philipp Holzmann* und so, nicht? Ich meine, es gibt eine Befriedigung, die dann eintritt, wenn man merkt, dass man jetzt weiß, dass das geschieht.

Sie sprechen von Konstruktion und Auflösung von Ungewissheitsprozessen. Was aber ist mit den ganzen unbewussten Motiven, die in der Rezeption technischer Medien eine Rolle spielen? Würden Sie die völlig ausschließen? Ich meine damit das, was man subkutane Wirkung nennt, die Wirkung aufeinander folgender Bilder, von denen man gar nicht sagen kann und auch der Zuschauer gar nicht sagen will, was da passiert. Der Zuschauer setzt sich sozusagen einem wie immer gearteten Datenfluss oder Bilderfluss oder Wechselfluss aus, sitzt einfach nur da und zappt. Eine Vielzahl der Filme, die im Fernsehen gezeigt werden, werden unterbrochen vom Zuschauer, dadurch, dass er auf andere Programme wechselt. Dies permanente Wechseln von Programmen fällt mir schwer, nach dem Muster von Auflösung, Konstruktionsauflösung von Ungewissheit zu verstehen.

---

* Philipp Holzmann AG, mehrfach insolventes, international agierendes Bauunternehmen.

Durchaus nicht. Man will sozusagen in ein anderes Schema überwechseln, um dann dasselbe wieder zu haben, also eine Ungewissheit: Wie geht es weiter? Und die Auflösung: Es geht so weiter. Aber ich will das ja auch nicht zu hoch hängen, also das ist speziell für mich eine Definition von Unterhaltung, aber es gibt ja andere Interessen, auch Nachrichteninteressen oder Werbungssachen.

Warum wird Werbung in diesem Maße zum Anker, zumindest der elektronischen Massenmedien?

Ja, das ist ein Markt. Ein Markt, der seine eigenen Produkte sozusagen erzeugt, und es gibt viele Firmen, die glauben, über Werbung ihren Absatz beflügeln zu können. Obwohl ich nicht weiß, ob ein Auto, jedes Auto, 500 Mark teurer sein muss, bloß weil dafür geworben wird.

Möglicherweise doch.

Ja. Gut. Aber ich selbst wüsste ja nicht … Ich meine, ich kaufe das Auto bei der Firma, die am nächsten zu meinem Wohnhaus ihre Werkstatt hat. Und was immer das für ein Auto nachher ist, ich weiß eben nicht, ob man alles auf Unterhaltung, auf diesen Sektor Unterhaltung beziehen kann. Werbung dient ja auch vielfach der Förderung von Geschmack. Man ist von Hause aus ohne Geschmack und infolgedessen muss man sehen, was oder welche Art Handtaschen die Damen heute tragen oder wie die Scheinwerfer in Autos rund oder eckig sein müssen.

Das alles ist ja ein Stück Ausdifferenzierung von Kommunikation.

Ja.

Auf die Frage der unbewussten Anteile dieser Strukturen haben Sie mir noch nicht geantwortet.

Nein, das ist für mich ein rein psychologisches Phänomen. Also, dass man nicht eingestehbare Motive haben kann, Fernsehen zu sehen, bloß weil man nicht weiß, was man sonst mit dem Abend anfangen wollte oder, das mag ja sein, versickert aber im Psychologischen und dieses …

Was ist, wenn das die halbe Gesellschaft tut? Ist das dann immer noch irrelevant, versickernd im Psychologischen?

Ja.

Wenn die halbe Gesellschaft sich sediert, nehmen wir das an, indem sie sozusagen jeden Abend drei Stunden am Fernseher verschwindet, dann würden Sie das für gesell-schaftsstrukturell irrelevant halten?

Nein, den Effekt durchaus nicht. Aber die Ursachen, die unbewussten Motive, das zu tun, die man vielleicht auch wiederum mit gesellschaftstheoretischen Analysen aufklä-ren könnte, dafür sehe ich kein direktes gesellschaftliches Korrelat, wenn das als unbewusst schon etikettiert ist.

Wir beide können es ja nicht wissen, aber es mag ja sein.

Ja. Aber das gilt ja für alles Verhalten. Ich meine, das gilt ja nicht nur für die Teilnahme an Massenkommuni-kation, sondern das gilt für jedes Verhalten, in intimen Beziehungen oder in der Arbeit, im Büro oder im Stra-ßenverkehr.

Vielleicht doch nicht ganz, weil, Sie ja vorhin darauf hingewiesen haben, in Ihrer eigenen Wahrnehmung, dass gerade die Massenmedien, speziell das Fernsehen, diese unidirektionale Sequentialität haben. Da können Sie gar nichts tun, außer dass Sie vielleicht glauben, durch das Zappen von einem Kanal zum nächsten etwas strukturieren zu wollen, was aber ja nur eine Illusion ist ...

Wenn es so etwas wie Unbewusstes gibt, läuft es ja überall mit, bei allen Aktivitäten, mehr oder weniger relevant für die Auswahl von Handlungen. Und da sehe ich nicht, weshalb das bei Massenmedien etwas anderes sein sollte. Abgesehen davon, dass für die Gesellschaftstheorie gilt: Was nicht in die Kommunikation hineingegeben oder durch Kommunikation aufgeklärt werden könnte, hat ja eigentlich keine gesellschaftliche Existenz. Man kann Forschungen machen über unbewusste Motive. Man kann Forschung machen über das Gedächtnis, wenn also Schrift-folgen, Buchstabenfolgen kurz aufgeblendet werden, ganz kurz, dass man also nicht die Zeit hat, sie sich einzuprägen, hat es trotzdem einen Gedächtniseffekt.

Ja, das sind zum Beispiel die Punkte, die ich anspreche.

Ja, ja, und okay, wenn man das weiß, werden Werbe-kampagnen anders geplant werden, als wenn man das nicht weiß.

Ich will jetzt ein Beispiel konstruieren, aber um Sie zu fragen nehmen wir an, es gäbe eine nachweisbare, aber nicht begründbare Korrelation zwischen einer bestimmten Art von Fernsehkonsum und der zunehmenden Neigung der Bevölkerung, die Todesstrafe wieder zu favorisieren.

Ja,

Dann hätten wir eine solche Rückkehr von einer unauf-geklärten Kommunikation, weil sie sich ja nicht artikuliert, zu einer am Ende artikulierten Meinungsbildung. Ich weiß das nicht, ich frage nur, ob Ihre Theorie das einschließt, ausschließt, nahe legt oder überhaupt berührt.

Also zunächst mal würde ich tendenziell sagen, dass das Unbewusste, das Mitwirken von unbewussten Motiven, eine ganz individuelle Sache ist und dass es schwer ist, das zu aggregieren auf einen Faktor, der bestimmte Effekte hat. Oder anders gesagt, wenn man wirklich solche Kausalrelationen zwischen Konsum von Gewaltaktivität im Fernsehen und Meinungen in der politischen Stellungnahme wirklich feststellte, braucht man eigentlich das Unbewusste dazu nicht, sondern man kann nur sagen, das korreliert. Also, jemand, der Angstgefühle hat in Bezug auf das, was ihm passieren könnte, wenn er sieht, was im Fernsehen passiert, der wird soundso optieren im politischen, rechtlichen Bereich.

Aber gerade im Medien- und damit kommunikationspolitischen Bereich finden ja Regelungen statt. Nach Ihrer Theorie der Massenkommunikation sind externe Regulierungen der Massenkommunikation eigentlich auszuschließen, weil das ein sich selbst regelndes System ist. Oder habe ich das falsch verstanden?

Das bezieht sich ja nicht auf Kausalitäten. Das mag ja sehr wohl sein, dass man in ein sich selbst regulierendes System über Recht und Politik Einwirkungen einschleust, das will ich damit nicht ausschließen. Nur, wenn diese Antworten berücksichtigt werden, dann wieder nur in der Weise der Operation von Massenkommunikation. Und es ist eine operative und keine kausale Schließung. Aber die Frage ist eigentlich wieder eine politische Frage, letztlich, oder eine rechtliche, verfassungsrechtliche Frage.

Helmut Schmidt, uns noch bekannt als Exbundeskanzler, hatte mal gefordert, sonntags gibt es kein Fernsehen. Das ist eine politische Frage zu der man sich ja theoretisch verhalten können sollte. Also eine Theorie der Gesellschaft sollte einen Ratschlag zumindest erteilen, das ist ein vernünftiger Rat oder eine vernünftige Forderung – egal jetzt, ob sie durchsetzbar ist oder nicht – und dies ist eine unsinnige Forderung.

Also, es ändert an der Typik von Massenkommunikation ja nichts, wenn sie sonntags nicht stattfindet, zunächst einmal, nicht wahr? Also die Beschreibung der Massenkommunikation als technologisch einseitig usw. usw. würde auch dann gelten, wenn sonntags keine Fernsehsendungen stattfinden, und dann reduziert sich das Ganze auf ein politisches Problem: Ist das eine politisch erfolgreiche Losung, sozusagen? Kann man damit Wähler gewinnen oder nicht, abgesehen davon, dass vielleicht verfassungsrechtliche Probleme auftreten könnten.

Kann Ihre Theorie niemals Aussagen darüber machen, welche Systeme, auch Teilsysteme der Gesellschaft gut für den Menschen sind und welche schlecht?

»Den Menschen« – welchen Menschen?

Die an diesem Teilsystem kommunikativ teilnehmen.

Nein, also ich wüsste nicht, wie ich Kriterien finden könnte, die mir sagen, was gut für den Menschen ist und was nicht gut für den Menschen ist. Da bin ich zu individualistisch orientiert. Fur den einen ist es gut, für den anderen ist es nicht gut, und das Ganze wird damit zurückgespielt auf eine Frage der Kommunikation: Was ist durchsetzbar, was ist nicht durchsetzbar, wer hat die

Folgen zu tragen? Ich habe ... Ich meine, ich bin ja auch kein Psychologe, ich habe keine Vorstellung, wie man eine Theorie begründen könnte, die sagen würde: Fernsehkonsum ist aus diesen und diesen psychologischen Gründen ungesund oder was immer man da an negativen Urteilen formulieren kann.

Aber man könnte ja zum Beispiel sagen, das macht die Gesellschaft oder Teile der Gesellschaft lethargisch, untätig. Helmut Schmidt hat ja eine Art von Wachrüttelung im Auge gehabt, die vielleicht zum Ziel haben sollte, am Ende die Produktivität, den Einfallsreichtum, die Kreativität anzuregen. Wenn man jetzt also politisch oder theoretisch mithelfe zu begründen, diese Kommunikation zu regeln, indem man nämlich ihr Aussetzungen verordnet oder was auch immer, dann würde man ihren Betrieb schon beeinträchtigen.

Ja, aber trotzdem nicht ihre Funktionsweise. Ich meine, man würde dann sagen, anstatt siebentägig findet das nur sechstägig statt, oder so, aber ...

Der nächste Schritt wäre dann nur fünftägig.

Natürlich wäre das eine Frage der politischen und rechtlichen Durchsetzbarkeit, aber es würde an der Struktur von massenmedialer Kommunikation nichts ändern. Wenn man das kausal nimmt, ist es absolut unklar, was damit erreicht werden kann. Vielleicht lesen die Leute dann mehr Bücher oder so was, aber wozu soll man das nun fördern, wenn man gar nicht weiß, was für Bücher das sind.

Um das abzuschließen: Die Theorie der Gesellschaft, die Sie entwickeln, ist also auch nicht dazu gemacht, Entwicklungen vorherzusagen.

Nicht als Theorie der Gesellschaft, aber ganz sektoral natürlich schon. Wenn man also etwa Globalisierung in der Wirtschaft nicht nur der Finanzmärkte, sondern auch der Produktmärkte nimmt, dann kann man natürlich sehen, dass das bestimmte Änderungen im Management oder in der Produktionsorganisation erfordert. Und Risikofragen tauchen auf ...

Gibt es diese Risikofragen auch bei dem Thema Massenkommunikation?

Was würde das Risiko sein? Was würde möglicherweise schief gehen?

Gut, fragen wir, was im globalen Maßstab Ihrer Meinung nach möglicherweise schief gehen könnte und wo Ihre Theorie da Vorhersagen anbietet.

Also, es gibt Arten von Risiken im Bereich von Wirtschaft oder von Politik, die eigentlich mehr oder weniger bekannt sind. Beispielsweise die Isolierung, die internationale Isolierung, der Zusammenbruch der Sowjetunion, hervorgegangen aus der Unfähigkeit, sich mit einer funktional differenzierten Gesellschaft auseinander zu setzen. Also ein Fall, wo man sieht, was nicht geht oder mit Folgen belastet ist, die also zum politischen Kollaps führen können, natürlich in der Wirtschaft selbst. Aber auch in der Wissenschaft gibt es ja also Großprojekte, wo man nicht weiß, ob ein Erfolg möglich ist und was die ökonomischen Konsequenzen sein würden. Also, ich glaube, man kann sektoral im Bereiche einzelner Kommunikations-, Funktionssysteme schon von Risiken spezifischer Art sprechen. Im Bereich der Massenmedien weiß ich eigentlich nicht. Was könnte ein Schaden sein, der allein durch die Massenmedien verursacht wird?

Ich will ihn nicht konstruieren. Das war wirklich nur eine Frage, die sich wieder an das Theoriemodell letztlich wendet, das Sie verwenden.

Ja. Also, Risiken sind für mich von Funktionssystem zu Funktionssystem sehr verschieden. Also ich wüsste nicht, was ein Risiko in der Kunst bedeuten würde – vielleicht, dass bestimmte Werke nicht gekauft werden oder bestimmte Galerien eingehen, aber das läge im ökonomischen Bereich. In der Religion kann man ja auch sich überlegen, was das Risiko einer zu liberalen, also in Parsons' Terms inflationistischen oder einer deflationistischen fundamentalistischen Religion wäre. Aber das würde ja denn in Anhängerzahlen oder in Zuwendung ausdrückbar sein. Aber bei den Massenmedien wüsste ich eigentlich nicht, was eine typische, spezifische Risikolage wäre, wenn man mal das Ökonomische ausblendet, das ist natürlich klar, oder auch das Politische, dass man also die Machthaber so erzürnt, dass sie sie verbieten – das ist ja weltweit durchaus gängig.

Welche gesellschaftliche Funktion messen Sie denn der Kunst zu in Bezug auf Ihr Theoriemodell? Gibt es eine Realität, eine soziologische Realität der Kunst?

Ja, sicherlich. Sie liegt vor allen Dingen darin, dass der Bereich des nur Wahrnehmbaren für Kommunikation geöffnet wird. Dass man also sehen kann: Das ist aus diesem Grunde so und nicht anders, arrangiert in einem Bildwerk oder in einem Roman. Dass sich also etwas, was man nicht verbal mitteilen kann, über Wahrnehmbarkeit mitteilt. Also, vor allen Dingen Ordnungsvorstellungen natürlich oder Einschränkungen der Beliebigkeit: Wenn ich mal so angefangen habe, ein Gedicht oder ein Bild, dann muss ich entweder abbrechen und auslöschen, oder ich muss mich den Anforderungen fügen, mit jedem, was ich hinzutue, eine neue Beschreibung dessen, was schon da ist, zu produzieren, also immer so spiralförmig zu arbeiten. Wenn man sieht, wie ein Maler ... Also mit einem Strich fängt er an ..., dann macht er einen großen Strich, und dann sieht er plötzlich, dass der Strich total überzogen ist, aber optisch von unten nach oben läuft ... Und was kann ich jetzt hinzutun, um das zu stärken. – Die Möglichkeit, das Sehen zu lernen, ist gesellschaftlich, also es ist ein gesellschaftliches Faktum, dass es das gibt. Ich meine, ob der einzelne daran Interesse hat, ist eine zweite Frage.

Lassen Sie uns zum Schluss das Problem oder das Thema Evolution diskutieren. Sie haben ja auch in Ihrer eigenen Theorie durchaus die Schritte beschrieben, wie es zur Heranbildung von Gesellschaften kommt, die einer funktionalen Differenzierung unterliegen, im Unterschied zu Gesellschaftsformationen vergangener Jahrhunderte. Lässt sich daraus eine evolutionäre Tendenz ableiten und wenn ja, wo ist Ihr »terminus ad quem«?

Also, das einzige, was mir dazu einfällt, sind sehr allgemeine Aussagen: Wie etwa, dass etwas an sich Unwahrscheinliches wahrscheinlich gemacht wird.

Also der umgekehrte physikalische Entropiesatz, der zweite.

Ja. Also, dass ich etwas kriegen kann, was anderen gehört, bloß weil ich bezahle und so weiter, oder dass ein Regime bestimmte Verkehrsordnungen durchsetzen kann, obwohl alle Leute mit eigenen Köpfen und eigenen Autos fahren.

Weil es das Wahrscheinlichere ist, dass das eine neue Ordnung stiftet, und die jetzige Unordnung wäre ...

Ja.

... der Ausgangspunkt.

Es ist zunächst unwahrscheinlich, dass man überhaupt so etwas durchsetzen kann, wie zum Beispiel im Auto den Gurt anlegen, nicht? Also, in Neapel würde das ja nicht klappen. Aber hierzulande sieht man doch die meisten mit Gurt fahren. In Neapel gibt es T-Shirts, die sollen einen schwarzen Strich haben. Und da sehe ich so eine Richtung, dass etwas Unwahrscheinliches wahrscheinlich gemacht wird. Also, allein in der Kommunikation ... Ich meine, wie unwahrscheinlich ist es, dass irgendein bestimmter Satz gesprochen wird, wenn man die unendlichen Möglichkeiten, Sätze zu bilden, vor Augen hat, und wie wahrscheinlich ist es, dass man in einer bestimmten Sequenz von Unterhaltungen bestimmte Sätze oder bestimmte Redundanzen mitzieht und den anderen nicht völlig konsterniert dadurch, dass man immer irgendwas völlig Verblüffendes sagt. All das würde ich in der Tendenz von Evolution sehen ...

Moment, die Tendenz von Evolution zusammengefasst, ist die, dass etwas Unwahrscheinlicheres ...

... situativ, spezifisch wahrscheinlich wird. Es wird auch manchmal gesagt, dass Komplexität ein Evolutionsphänomen wäre. Aber da muss man natürlich sagen, dass neben den komplexeren Sachen immer auch die alten, die nicht komplexen Sachen überleben. Es gibt Salamander mit Schleuderzungen und solche ohne Schleuderzungen, und ...

Das heißt, Sie gehen von der Annahme aus, dass Komplexität zunehmen wird.

Dass es auch komplexere Arrangements geben wird, ja. Nicht, dass sie ein durchschlagender Überlebensvorteil ist, so dass alles andere verschwindet. Das ist ja auch also empirisch in der biologischen Evolution einfach nicht zu belegen.

Aber was ist das Evolutionsmoment daran, dass etwas Unwahrscheinliches wahrscheinlicher wird?

Das ist ein Resultat von Evolution und das hängt offensichtlich mit größerer Komplexität und größerer Spezifikation zusammen.

Wo kommt die Triebkraft dafür her?

Das passiert.

... aus dem System?

Ja, irgendwas hält sich. Was zufällig ..., was zufällig entstanden ist, hat eine hohe Reproduktionswahrscheinlichkeit bekommen. Also, Evolution ist die Umformung von Entstehungsunwahrscheinlichkeit in Erhaltenswahrscheinlichkeit, wenn man es mal so ausdrücken will.

Das ist dann fast schon Naturgesetzlichkeit.

Ja.

Konvergieren da Menschengeschichte und Naturgeschichte?

Also, es ist mit demselben theoretischen Rahmen beschreibbar. Sonst hätte es keinen Sinn, von Evolution zu sprechen, wenn man damit bestimmte theoretische Ambitionen verbindet.

Aber ist es nicht auch sozusagen eine menschliche Frage, sich genau von diesem Naturgeschehen zu unterscheiden?

Ja. Also, es gab ja zur Nazizeit oder zur Höhezeit des Faschismus Theorien, die versuchten von der Evolutionstheorie wegzukommen, weil das uns diese Art von Regimes beschert hat. – Huxley: »Evolution in the Ethics« oder Karl Mannheim: Planung, Umbau der Gesellschaft als ein irgendwie doch verantwortbarer, geordneter Prozess.

Der ganze Marxismus ist der Versuch, einer bestimmten Evolution zu entgehen.

Ja, ja. Also, was man tatsächlich sehen kann, ist eine gewisse Möglichkeit, retrospektiv zu korrigieren, was entstanden ist. Andererseits ist das nicht so übermäßig erfolgreich. Oder man muss, wenn man Trends sieht, etwas hinzuerfinden. Also, die Globalisierung der Produktmärkte erfordert andere Managementstrukturen in den Firmen. Oder natürlich auch die zunehmende Bedeutung internationaler Politik in dem Sinne, dass sich ein Staat für das interessieren muss, was nicht unmittelbar in den eigenen Grenzen passiert, sondern, was weiß ich, in Neuseeland oder wo immer. Und dass eine internationale Politik ein kompliziertes – also in den USA vor allen Dingen –, ein kompliziertes Verhältnis zur Innenpolitik hat: Das sind dann also Probleme, die in gewisser Weise neu sind, aber für die auch wieder Lösungen gefunden werden, mehr oder weniger befriedigende Lösungen.

Das heißt, Sie halten von Theorien nichts, die davon ausgehen, dass die Ressourcen nicht ausreichen, um diesem Typ von hochentwickelten Gesellschaften weiterhin Bestand zu geben, und ähnlichen mit negativen Untergangsphantasien konnotierten Visionen?

Ich würde vorsichtiger sein. Also, es gibt Sektoren, Energieproduktion ist einer von denen: Werden wir immer genügend Energie-, verbrauchende Energieproduktion haben, um die gesamte Wirtschaft damit beliefern zu können? Da bin ich nicht sicher.

Und was passiert dann, wenn wir das irgendwann nicht mehr haben?

Dann gibt es Kollapse noch und noch. Dann kriegt man also plötzlich das Haus nicht mehr geheizt oder den Wagen nicht mehr betankt, und dann müssen sich irgendwie Lösungen einspielen, die auf einem geringeren Grad eine Zufriedenheit und …

Das halten Sie für durchaus möglich?

Ja, also vor allen Dingen im Energiesektor, nicht so ganz generell. Aber ich weiß nicht, ob es technologisch absehbar ist, eine laufende Reproduktion von Energie in dem Maße, wie wir es heute brauchen, sicherzustellen – technisch, wenn es mal kein Öl mehr gibt und keine Kohle usw.

Aber was ist mit dem anderen Satz, den es da auch gibt von der Weltbank, ich glaube, der heißt: »Ab 30 Dollar Jahreseinkommen beginnt die Demokratie.« Das heißt, dass die halbe Welt die materiellen Voraussetzungen offensichtlich gar nicht hat, an so hochdifferenzierten Kommunikationsprozessen wie einer Demokratie teil-

zunehmen, während die demokratischen Länder alle Waffen der Welt haben, um erstens ihre Gesellschaften und Staaten zu sichern und zweitens die anderen daran zu hindern, in ähnlicher Weise hochzukommen.

Ja, ich weiß nicht, ob irgendjemand Interesse hat zu verhindern, dass in Schwarzafrika Demokratien entstehen.

Nein, das nicht, aber sie können nur entstehen unter bestimmten ökonomischen Voraussetzungen. Und die zu verhindern haben sicher einige ein Interesse.

Ich weiß nicht, ob das ein Verhinderungsinteresse ist oder ob es einfach nur eine Selbstvorsorge ist, für eigene, sagen wir mal, sehr kostspielige technologische Verbesserungen oder was immer – mit dem Nebeneffekt, dass dann andere nicht zum Zuge kommen.

Also gibt es Sorgen, das ist meine abschließende Frage, politische Sorgen, Entwicklungssorgen, Evolutionssorgen, die Sie haben, und von denen Sie meinen, dass Ihre Theorie sie, wenn sie nur genügend Berücksichtigung fände, abmildern könnte.

Also – abmildern weiß ich nicht. Ich denke, dass es bessere Beschreibungen von Problemen geben könnte. Also beispielsweise, wenn man annimmt, dass die globale Gesellschaft auf funktionaler Differenzierung auf dieser Basis läuft, dass Politik, Wirtschaft, Recht, Erziehung und so weiter getrennten Logiken folgen, dann hat das natürlich Konsequenzen. Einmal in der Unübersichtlichkeit der Beziehung zwischen diesen – also: Wirkt sich mehr Erziehung gut oder schlecht auf Demokratie aus usw. Und wenn man keine schulische Versorgung sicherstellen kann, was ist dann die Zukunft des Rechtssystems zum Beispiel.

Darüber sind Aussagen möglich?

Ja, ich denke schon. Und dann die zweite Frage: Wie wirkt sich dieser Trend einer funktionalen Globalisierung auf regionale Verhältnisse aus? Kann dem jede Region mit dem Bestand, von dem sie im Moment ausgeht, Rechnung tragen? Heißt weltgesellschaftliche Funktionalisierung zugleich, dass das auch in Brasilien sein müsste oder in Guatemala oder in Slowenien?

Ihrer Meinung nach – ja?

Ich bin nicht so sicher. Ich meine, ein Faktum ist, dass man sich regional der Weltgesellschaft zu stellen hat, irgendwie. Dass also die Versuche, Kapital ins eigene Land zu ziehen zum Beispiel, auf den internationalen Finanzmärkten ausgeführt werden müssen. Aber was man im Moment sieht, ist eigentlich eher ein Misslingen dieser Trendversuche in regionalen Bereichen. Also, schon die Trennung von Recht und Politik ist schwierig in Mexiko oder in Brasilien; damit auch die Frage, welche Bedeutung eine Verfassung hat zum Beispiel. Und diese Trennung mag international durchgesetzt sein, aber was das konkret nachher heißt … Es gibt ein Netz von Haftpflichtrechten, aber was heißt das, wenn man vor Ort Recht nur bekommt, wenn man zunächst mal etwas bezahlt.

Bestechung und Korruption.

Ja, ja.

Und Sie meinen, eine präzisere Beschreibung dieser Systeme würde helfen oder würde die Fatalität des Gesamtzusammenhangs zeigen?

Eher letzteres, aber das kann natürlich auch wiederum helfen, einerseits sozusagen unnötige Aufregung einzusparen – so ist es eben – und in diesem Sinne fatalisierend zu wirken. Andererseits aber auch präzisere Vorstellung über das, was man dann trotzdem ändern kann und wo man ansetzen muss doch zu ermöglichen.

Jetzt müssen Sie uns zum Schluss noch etwas über Ihren legendären Zettelkasten sagen, denn dieses ganze Werk wäre nicht geschrieben worden, die vielen Bücher und Aufsätze, wenn Sie nicht ein offensichtlich perfektes – man sagt von Hegel, er hatte so etwas ähnliches, aber ich weiß nicht genau, wie es aussah – System der Verzettelung Ihrer Lektüren oder Gedanken hätten. Den haben Sie schon, diesen Zettelkasten, seit dem Beginn des Studiums, haben Sie, glaube ich, mal gesagt.

Nein, nach dem Ende des Studiums. Ich habe zunächst einmal mit Mappen gearbeitet und Zetteln, die fliegen dann raus, und dann muss man … Und dann habe ich das so … Ich glaube, 1951 oder so etwas, habe ich das Ganze umorganisiert auf einen Kasten, wo jeder Zettel eine feste Nummer hat.

Einfach durchnummeriert, von 0 bis …

Ja, dann gibt es also schon Clusterbildung und so etwas, aber im Prinzip ist es eine Unendlichkeit, die also nach innen, wenn man also, sagen wir mal, den Zettel 21/3a17 hat, dann kann man 18 machen oder man kann 17a machen und …

Sie haben eigene Sigel.

Ja. Jeder Zettel hat seine feste Nummer, die nie geändert wird.

Aber das ist ein Sigel, schon? Hat die Nummer irgendei-
nen Sinn?

Nein. Man hat natürlich eine Gewohnheit, dass man weiß,
wenn man also »Paradoxie« sucht, dann müsste das unter
der und der Nummer zu finden sein. Aber ich habe natürlich
ein Schlagwortregister, wo ich nachgucken kann.

Aha. Und unter dem Schlagwortregister werden wieder
diese Nummern eingetragen.

Ja.

Was für Registrierungen dieser Zettel haben Sie sonst
außer dem Schlagwortregister?

Im Zettelkasten selbst gibt es einen Zettel mit Verwei-
sungen, wo dann steht, also, hier geht es um Paradoxie,
Paradoxie-Schule usw. Der Vorteil dieser festen Num-
merierung, die nie geändert wird, ist, dass man eben von
jedem Punkt auf jeden anderen verweisen kann.

Aber Sie müssen diese Verweise immer nachtragen.

Ja.

Und bei neuen Zetteln gucken, wie viel alte Zettel habe
ich, auf die ich jetzt verweisen müsste.

Ja.

Das heißt, Sie arbeiten, selbstreferentiell sozusagen, per-
manent diesen ihren Zettelkasten auch wieder durch ...

Ja.

... lesen auch alte Zettel immer wieder mal ...

Ja.

... und schmeißen auch raus?

Nein.

Nie?

Nie.

*Also auch Zettel, die sich einfach nicht verweisen las-
sen.*

Nein, die bleiben dann so stehen. Die haben ihre Nummer
und bleiben dann.

Die sind sozusagen ›Leichen‹.

Ja, ja.

Und wenn Sie lesen, verzetteln Sie sofort?

Ja.

Verzetteln Sie sich sozusagen ...

Ja, ich lese ein Buch durch, mache Notizen und dann...

... unterstreichen auch richtig, mit Bleistift?

Nein, im Buch nicht. Nein, nein.

... machen Notizen am Rand?

Nein, auch nicht. Ich mache einen Zettel mit den bibliografischen Angaben. Auf der Rückseite werden ›Seite
soundso ist das und das, Seite soundso ist das und das‹
eingetragen, und dann wandert das später in den bibliografischen Kasten, wo ich alle gelesenen Sachen biblio-
grafisch erfasse.

Sie bibliografieren jedes Buch, das Sie lesen?

Ja, ja.

Jedes?

Ja.

Es gibt kein Buch ... höchstens ein unwichtiges ...

Ja, ja. Dann sicher.

Dann kommt es weg.

Ja, ja.

Aber jedes Buch, das einigermaßen Ihnen einen Gedanken gibt, wird sofort erfasst. Das heißt, dass Lesen bei Ihnen relativ lange dauert, nicht?

Ja, weil ich auch im … Beim Lesen habe ich einen Zettel, wo ich immer draufschreibe, Seite 13, das und das; 25, das und das. Auf der Rückseite sind dann die bibliografischen Angaben und später kann ich dann sehen, was mir damals bei der Lektüre aufgefallen ist.

Was ist, wenn Sie ein Buch ein zweites, ein drittes Mal lesen? Nehmen Sie dann den alten Zettel und erweitern ihn?

Manchmal mache ich es ganz neu, aber das kommt relativ selten vor. Ich meine überhaupt, ein wiederholtes Lesen kommt relativ selten vor.

Auch die großen Standardwerke, zum Beispiel, Krisisschrift, Husserl.

Ja, kommt also … lese ich nicht noch mal, ich meine, ich könnte es, aber ich habe ja gar keine Zeit, ich muss … Ich lese sehr stark problemorientiert immer und …

Ja, das heißt, was einmal in diesem Zettelkasten als gelesen und verstanden notiert ist, selbst wenn es der größte Irrtum war, bleibt.

Ja, ja.

Bis Ihnen jemand sozusagen die Augen öffnet, und sagt: »Mein Freund, das steht da gar nicht. Das hast du da nur reingelesen.«

Ja, ja. Dann kann ich das auf dem Zettel vermerken.

Und diese Zettel ..., um das auch klar zu machen, diese Zettelarchitektur oder Kastendimension ist inzwischen gewaltig, nicht?

Es ist ziemlich umfangreich, ja.

Ein paar Meter.

Ja, ja.

... und ist die Basis sozusagen Ihrer Arbeit. Wenn man das Ihnen nehmen würde, dann wäre es schwer.

Ja, dann wäre es schwer. Ich habe jetzt eine Alternative, es sind sozusagen halbfertige Buchmanuskripte, die so in Kartons unter dem Tisch liegen und dann kann ich natürlich ... Wenn ich jetzt über »Souveränität« irgendwas Interessantes entdecke, dann kann ich das in das Manuskript direkt hineintun, wo »Staat« und »Souveränität« behandelt wird.

Sie schreiben mit der Hand oder mit der Schreibmaschine oder mit dem Computer?

Schreibmaschine.

Immer direkt in die Schreibmaschine?

Ja, ja. Die Zettel nicht, das ist zu kompliziert. Diese kleinen Zettel, die mache ich mit der Hand.

Über das Tempo der Massenmedien und die Langsamkeit ihrer Beobachter

Dirk Baecker, Norbert Bolz und Wolfgang Hagen

Wolfgang Hagen: Der inzwischen berühmte Eingangssatz der *Realität der Massenmedien* von Luhmann heißt: »Was wir über die Welt wissen, das wissen wir über die Massenmedien.« Was ist das für ein ›Wissen‹, das wir über die Massenmedien ›wissen‹? Und ist es das Einzige?

Norbert Bolz: Die Pointe des Satzes ist natürlich darin versteckt, dass normale Menschen bei dem Stichwort Massenmedien vor allen Dingen ans Fernsehen denken. Niklas Luhmann subsumiert unter Massenmedien aber sehr viel mehr, eben massenweise Verbreitung von Wissen in ganz allgemeiner Form. Und dazu gehören natürlich auch Bücher. Das heißt, auch die Fernsehmuffel wissen das, was sie über die Welt wissen, nur aus den Massenmedien, wenn sie Zeitung lesen, wenn Sie Zeitschriften oder Bücher lesen. Die Alternative ist die, etwas zu wissen – aus eben diesen Medien über die Welt – oder zu glauben, es gäbe einen individuellen, erfahrungsmäßigen Zugang zur Welt. Und ich glaube, um diese Illusion geht es. Um sie zu zerstören, geht es im Wesentlichen in Luhmanns Überlegungen. Um die Zerstörung dieses naiven Gedankens, es gäbe einen erfahrungsmäßigen, unmittelbaren Zugang zur

Welt. Man erkennt rasch, dass das, was man in scheinbar unmittelbarer individueller Welterfahrung erfährt, längst vermittelt ist über Schematismen, Schablonen, die uns die Massenmedien vorgeben. Also auch der Sonnenuntergang, den man im Urlaub genießt, ist praktisch schon durch Postkarten präfabriziert und konfektioniert. Die Schematismen sind unentrinnbar.

WH: Herr Baecker, Sie haben ja bei Luhmann studiert. Wissen ist im Allgemeinen etwas, das über die Wissenschaft läuft. Einen Wissensbegriff haben die Wissenschaften, sonst würden sie nicht so genannt werden. »Was wir über unsere Gesellschaft, ja, über die Welt, in der wir leben wissen, wissen wir durch die Massenmedien«, so heißt der Satz ganz genau. Nun kann man sagen: Warum haben wir dann überhaupt Wissenschaft, wenn nur noch die Massenmedien wissensvermittelnd sind?

Dirk Baecker: Das Herausfordernde an dieser Einsicht von Luhmann liegt darin, dass wir normalerweise nicht wissen, dass wir das, was wir wissen, dank der Massenmedien wissen. Die einfachste Aufgabenstellung an die Wissenschaft liegt dann darin, grundsätzlich allen Formen des Wissens zu misstrauen – und zwar wahlweise aus theoretischen oder aus empirischen Gründen zu misstrauen. Die Wissenschaft, insbesondere natürlich die Wissenssoziologie, erlaubt und erzwingt es, alle Formen und Inhalte des Wissens inklusive jener der Wissenschaft auf ihr Konstruiertsein hin zu beobachten.

WH: Noch einmal: Was ist das für ein Wissensbegriff, der hier bei Luhmann zugrunde liegt? Sie sprechen von Erfahrung, Herr Bolz. Alles, was wir erfahren über die Welt, zugegeben, erfahren wir über die Massenmedien. Aber ist nicht im Wissen immer auch eine Möglichkeitsbedingung verborgen, eine Art von Horizont der Möglichkeit des Denkens überhaupt? Bedeutet Luhmanns Satz also, dass wir praktisch die Massenmedien als einen absoluten Filter all dessen haben, was wir zu denken in der Lage sind?

DB: Der Soziologe, also Luhmann, redet von einem Wissen, das die Fähigkeit beinhaltet, sich an Kommunikation zu beteiligen. Wir brauchen irgendein Wissen, um uns an den simpelsten ebenso wie an den schwierigsten Kommunikationen beteiligen zu können, und zwar nicht nur ein Wissen, mit dem wir dann gleichsam glänzen können oder dank dessen wir zumindest nicht unangenehm auffallen, sondern auch ein Wissen über die Kommunikation, an der wir uns gerade beteiligen, über den Rhythmus des Wechsels zwischen den Sprechern, über die akzeptable Vertiefung beziehungsweise Verflachung des Themas, über das Ausmaß der Selbstdarstellung, die jeweils verlangt wird beziehungsweise, je nach Typ der Kommunikation, unterdrückt werden muss. Dieser Wissensbegriff ist ein technischer Begriff, der Voraussetzungen des Umgangs mit Kommunikation beschreibt und ganz frei ist von emphatischen Selbstzuschreibungen eines Individuums.

WH: Aber ist Wissen nicht auch ein phänomenologischer Begriff bei Luhmann? Ist es nicht eine Frage der Beobachtung?

NB: Man kann auf sehr vielen verschiedenen Ebenen beobachten. Und das Wissen um David Beckhams Frisur ist ebenso ein Wissen wie ein wissenschaftliches Wissen oder eben ein anspruchsvolleres. Wir haben, glaube ich, die natürliche Neigung, den Begriff des Wissens sehr positiv zu besetzen, also ihn als anspruchsvollen Begriff automatisch zu denken. Ich glaube, Luhmann hat, wie ich finde, völlig zu recht extrem formalisiert und gesagt: Wissen ist alles, was man, wie soll man sagen, als bestätigte Information wieder gebrauchen kann. Also, Informationen laufen ein, einige werden archiviert und gespeichert. Sie werden bestätigt und man kann wieder auf sie zugreifen. All das ist Wissen.

WH: Wissen vermittelt sich über Kommunikation. Was nicht kommuniziert ist, ist kein Wissen: in diesem Sinne technisch, Herr Baecker?

DB: Wir müssen etwas über Gott wissen und wir müssen wissen, wo die Mülltonne steht, wenn wir unseren Müll loswerden wollen. In beiden Fällen geht es um ein Wissen als Voraussetzung der Teilnahme an Gesellschaft, was man sehr schnell merken kann, wenn man das eine oder andere nicht weiß und Dinge tut, die man unter der Voraussetzung, dass wir uns gegenseitig dieses Wissen unterstellen und von uns verlangen, dass man fragt, wenn man nicht weiß, wo die Mülltonne steht, nicht tun sollte. Ich bewältige sonst meine Lebenspraxis nicht; ich verstehe nicht, was der Priester von mir will und kann mich ihm noch nicht einmal entziehen; und ich kann meinem Sohn nicht sagen, dass er den Müll wegbringen soll, beziehungsweise es zur Not selber tun.

WH: Zugegeben, aber ich meine, gerade die Sache mit der Mülltonne läuft ja noch am wenigsten über die Massenmedien in unserem herkömmlichen Wissen. Die Mülltonne – zumindest meine, die vor der Tür steht – wird doch am wenigsten durch die Massenmedien abgebildet.

DB: Das Mülltonnenbeispiel ist eines von Luhmanns Lieblingsbeispielen. Er verwies gerne darauf, dass er weder in der Zeitung lesen könne, wo seine Mülltonne stehe, noch, ob er nun gestern seine Blumen gegossen habe oder nicht.

WH: Genau. Also, das ist ein Weltwissen, das sich nicht über die Massenmedien erschließt.

NB: Das ist kein Weltwissen. Ich glaube, der Begriff ›Welt‹ ist mit Bedacht gewählt in diesem berühmten ersten Satz. Also, alles, was wir über die Welt wissen, wissen wir durch die Massenmedien. Es gibt noch viele andere Formen von Wissen, eben privates Wissen, wie das um die Konstruktion des eigenen Hauses, oder gewisse Eigenschaften, die man hat. Aber es geht um das Wissen von der Welt, also das, was man früher auch »the big picture« genannt hat, also das große Bild, das man hat. Wie bin ich eingelassen in die Welt? Wie kann ich mich dort orientieren? All dieses Orientierungswissen stammt nun in der Tat aus den Massenmedien.

DB: Welt ist auch wieder ein ganz technischer Begriff. Welt heißt, dass ich mir vorstellen kann, was mich erwartet, wenn ich aus diesem Raum herausgehe und die Tür hinter mir ins Schloss fällt. Oder was mich erwartet, wenn ich in die Straßenbahn einsteige und dann ein paar Stationen weiterfahre und wieder aussteige. Welt beschreibt die Fortsetzbarkeit des Horizonts aus meiner jeweils gegenwärtigen und aktuellen Lebenspraxis heraus. Die These von Luhmann zu den Massenmedien kann man dann so auf den Punkt bringen, dass man sagt, die Massenmedien würden all das beschreiben, was sich jenseits des Horizonts meiner Lebenswelt abspielt, aber diese Lebenswelt selbst gerade nicht.

NB: Da habe ich einen kleinen Einwand. Denn das wunderschöne Problem mit dem Mülleimer setzt sich fort, wenn man einen so strikt formalisierten Begriff von Weltwissen benutzt. Ich glaube, es würde sich doch lohnen zu unterscheiden. Denn man erfährt aus den Massenmedien eben nicht, wie sich die Welt hinter dieser Studiotür fortsetzt. Das weiß ich nur, weil ich hindurchgegangen bin und weil ich hier schon herumgelaufen bin. Das kriege ich durch keine Nachricht irgendwie zu fassen. Das geht, glaube ich, bei Welt tatsächlich doch um den großen Horizont. Also, es geht um das, wo ich eingelassen bin, wo ich funktionieren muss, wo ich mich orientieren muss. Und darüber berichten in der Tat Massenmedien, denn ein einfacher Gedanke hilft, um das zu begreifen. Die Massenmedien berichten ja nicht Beliebiges. Sie berichten nicht über alles, sondern sie sind extrem selektiv. Das heißt also, es muss ein sehr weit gehendes gemeinsames Interesse von Abertausenden und Millionen geben, das es rechtfertigt, dass die Massenmedien über irgendetwas von Welt berichten. Insofern würde ich doch sagen, es macht einen guten Sinn, zwischen privatem Wissen und diesem Weltwissen im formalen Sinn zu unterscheiden.

DB: Einverstanden, aber wahrscheinlich ist die Grenze im Einzelfall nicht so einfach zu ziehen. Um nach Hause zu gehen, muss ich den Schöneberger Volkspark durchqueren. In diesem Moment aktualisiere ich zwei verschiedene Wissensinhalte, einerseits die Nacht, den dunklen Park, ein unbestimmtes Bedrohtheitsgefühl …

WH: … nachdem da in der Tat vor ein paar Jahren schon einmal jemand ermordet worden ist …

DB: … und andererseits weiß ich, dass ich nur aus der Zeitung weiß, dass da jemand ermordet worden ist. Ich habe es selbst nicht erlebt, meine Wirklichkeit des Parks ist eine ganz andere, eine friedliche, vielleicht sogar vor der Unruhe der Großstadt schützende Welt.

NB: Ich bin ja einverstanden. Die Welt dessen, was wir ganz individuell erfahren und als privates Wissen akkumulieren, ist unendlich viel kleiner, als man naiverweise meinen könnte.

WH: Aber das massenmediale Wissen, das Wissen, was sich also über Bücher – die langsamsten –, dann über Zeitungen – auch nicht so schnell –, dann über das Radio, über Computer, über Fernsehen vermittelt, die schnellen Medien vermittelt, ist doch ein Wissen, das gleichzeitig von Luhmann als eins beschrieben wird, das sich gleichsam nur durch sich selbst konstruiert und stabilisiert, das sich in gewisser Hinsicht, salopp gesagt, gegenseitig immer irgendwie abschreiben muss voneinander, um überhaupt zu bestehen. Er hat dafür einen etwas ephemeren Begriff, nämlich den der Konstruiertheit und den der Konstruktion. Aber in Wirklichkeit meint er doch das: Wie konstituiert sich dann eigentlich ein Wissen, das sozusagen gleichsam nur in sich selbst kreist?

DB: Das Wissen der Massenmedien ist nicht nur durch Schnelligkeit und Vermittlung gekennzeichnet, sondern auch durch eine hohe Redundanz, das heißt Wiedererkennbarkeit. Ich weiß zwar nicht unbedingt, wer sich morgen mit wem worüber streiten wird, aber ich weiß, dass ich, wenn ich die Zeitung aufschlagen werde, wieder etwas über irgendeinen Streit zu lesen bekomme und dass an dem Streit die wirklichen Anlässe mindestens ebenso wichtig sind wie die durch den Streit gebotenen Möglichkeiten der Selbstinszenierung und der Ablenkung von anderen, vielleicht verdächtig unstrittigen Sachverhalten. Die Schnelligkeit wird mit Redundanz bezahlt. Wenn Sie hingegen ein modernes Gedicht zu lesen versuchen, werden Sie feststellen, dass Sie es extrem langsam lesen müssen, weil es eine minimale Redundanz, einen hohen Überraschungswert hat. Keine einzige Zeile, kein einziges Wort in einem Gedicht von Paul Celan ist erwartbar – obwohl auf der nächsthöheren Ebene dann genau das auch wieder erwartbar, also redundant ist. Die Massenmedien rächen sich an sich selbst, indem sie mit Redundanz für ihre Schnelllebigkeit büßen. Von hier aus kann man sich dann an die Beschreibung der Funktion des jeweiligen Wissens herantasten. Wir schalten uns in die Massenmedien ein, weil wir mit minimalen Variationen morgen am Arbeitsplatz wieder über dasselbe reden können müssen, über die Politik, den Fußball und die Frage, ob Harald Schmidt nun mit dem Fernsehmachen aufhört oder nicht*, Die Lektüre

---

eines Gedichts würde mir da nicht weiterhelfen. Denn wem sollte und könnte ich am nächsten Tag berichten, welche Überraschungen ich dabei erlebt habe?

WH: Gut, das wäre die These, die Sie, Herr Bolz, aufgeschrieben haben: Massenmedien schaffen eine Art Grundvertrauen. Also, nicht die Mutter gibt dem Kind das Grundvertrauen, sondern die Massenmedien geben dem Kind das Grundvertrauen. Wir wollen jetzt hier nicht psychologisieren, aber das wäre vielleicht der Grund, weshalb die Massenmedien gerade bei Kindern so wahnsinnig attraktiv sind? Wäre das Ihre Vermutung oder sind Sie erst darauf gekommen, seitdem Sie selber Kinder haben, die dauernd Fernsehen gucken wollen?

NB: Nein, ich gehöre ja zu den Konservativen, die versuchen, den Kontakt der Kinder mit dem Fernsehen auf ein Minimum zu begrenzen, aber ich sehe es in der Tat so, dass die wesentliche Funktion der Massenmedien in dem besteht, was Sie gerade als Grundvertrauenstiften angesprochen haben. Das heißt also, die Redundanz ist nicht das Problem der Massenmedien, sondern ihr eigentliches Ziel. Man will gar nicht, und das ist das Verblüffende, finde ich, primär Informationen übermitteln. Ein naives aufgeklärtes Bewusstsein würde erwarten, Massenmedien informieren im Sinne der Aufklärung. Man weiß es danach besser. Es geht aber nicht um das Besserwissen und um das Besser-Informiert-Sein, sondern um das Sich-Sicherer-Fühlen. Also, das Moment der Unsicherheitsabsorption durch Massenmedien ist, glaube ich, gar nicht zu überschätzen. Vielleicht darf ich aber noch eine ganz kleine Anmerkung machen zu der vorhergehenden Überlegung zum Thema

Selbstbezüglichkeit der Medien. Meines Erachtens hängt das nicht mit dem, wie soll man sagen, Konstruktivismus des Massenmedienapparats zusammen, sondern ich glaube, Selbstbezüglichkeit ist eine eigene Logik, die die Massenmedien entwickelt haben, die wir tagtäglich beobachten können. Wir leben im Augenblick noch unter dem Eindruck des Steuerkompromisses, und das Wesentliche, was wir wahrnehmen in den Massenmedien über den Steuerkompromiss, ist, was andere darüber sagen, was andere Medien darüber berichten, was Politiker darüber sagen. Und hier, in der Tat, greift jede Meldung auf andere Meldungen zum selben Thema zurück. Das erzeugt natürlich ein enormes Maß an Redundanz, andererseits aber, und das ist eben mein Thema, auch eine enorme Sicherheit. Man gewinnt das Gefühl, man kennt sich zwar nicht aus – kein Mensch durchschaut den Steuerdschungel – aber man hat doch die Sicherheit, es ist das Richtige passiert oder es ist irgendwie durchschaubar. Und diese große Illusion der Durchschaubarkeit der Welt, das ist es eigentlich, was wir den Massenmedien verdanken. Und das ist ihre eigentliche psychologische Leistung. Alle Weltsachverhalte sind viel zu komplex, als dass sie auch – außer von hochspezialisierten Experten – durchschaut werden können. Die Massenmedien müssen den Gegenbeweis antreten: Ihr alle könnt alles verstehen – und wir sorgen dafür, dass das geschieht.

WH: Aber Sie haben's schon gesagt, in Wirklichkeit eine Illusion, Herr Baecker.

DB: Die Wirklichkeit der Massenmedien ist keine Illusion, sondern eine Wirklichkeit, die wir brauchen, um uns in der Gesellschaft zu orientieren, inklusive des Berichts über Sachverhalte, für die wir uns dann nicht weiter interessieren müssen, weil wir ja bereits alles über sie in der Zeitung gelesen oder im Fernsehen gesehen zu haben glauben.

WH: Beruht diese Wirklichkeit nicht auf einem Trick?

DB: Nein, ein Trick wäre ja etwas, was sowohl gelingen als auch misslingen kann! Mir geht es bei dieser Beschreibung der Massenmedien jedoch um ihre selbstähnliche Struktur, das heißt um eine Eigenschaft, die sie in jedem Fall hat, gleichgültig, ob ich mir die Massenmedien insgesamt, eine einzelne Nachricht, die Werbung oder die Unterhaltung anschaue. Luhmann hat diese Selbstähnlichkeit am Beispiel der Form der Nachricht beschrieben. Jede einzelne Nachricht ist so gewiss wie nur irgendetwas: Der Kompromiss in der Koalitionsvereinbarung ist entweder gefunden worden oder nicht gefunden worden. Dennoch oder gerade deswegen ist denkbar ungewiss, was als nächstes geschieht: Wer wird den Kompromiss anfechten, wer wird entdecken und dann wie damit fertig werden, dass er den Kürzeren gezogen hat? All dies öffnet das ungewisse Spiel der Politik, gerade weil die Ausgangspunkte immer wieder neu feststehen. Mit dieser Form der Nachricht setzen die Massenmedien die Politik und andere Bereiche der Gesellschaft enorm unter Druck, denn sie müssen ständig neue Nachrichten produzieren, obwohl sie doch ein Interesse daran haben, dass erst einmal läuft, worauf man sich gerade geeinigt hat.

WH: Aber wie passt das mit dem Vertrauen zusammen? Das ist doch paradox.

NB: Ja, man hat im Grunde weniger das Vertrauen in die konkrete Situation, der man ausgesetzt ist, als in die allgemeine Fähigkeit, damit fertig zu werden.

WH: Die Situation selbst ist nicht das Vertrauengebende, sondern ...

NB: ... das System. Also, man vertraut dem System der Information, man vertraut dem System des Wissens, während jede einzelne Nachricht und jedes einzelne Wissenselement durchaus unsicher bleiben kann. Es ist Sicherheit aus unsicheren, instabilen Elementen. Und ich glaube, das können wir in der modernen Gesellschaft überall beobachten. Der Zusammenhang ist sicher oder verlässlich, auf den vertraut man – der Zusammenhang der Elemente. Die einzelnen Elemente selber bleiben in sich hochgradig unsicher und unstabil und das ist eigentlich eine erstaunliche Leistung, dass die Menschen, über die man ja so gerne als »Couch-Potatoes« herzieht, das die offenbar diesem Training sich gerne unterziehen, was ja ein Training in der Absorption von Unsicherheit ist.

WH: Gut. Damit ist aber auch deutlich, dass darin so etwas wie ein Zeitfaktor liegt, ein gewisses Tempo. Die Sache geht immer schneller vor sich. Nicht so sehr, weil die Übertragungsmedien schneller werden. Das werden sie auf eine gewisse Weise gar nicht. Das Fernsehen, was wir haben, hat sich zwar in zahllose Kanäle vervielfältigt, aber ist elektromagnetisch ja nicht schneller geworden. Wie wird denn dann Geschwindigkeit in dem System erzeugt?

DB: Jede einzelne Nachricht wird derart in Teilnachrichten kleingearbeitet, dass Sie damit nach Bedarf die Tage, Stunden oder sogar Minuten spannungsreich füllen können. Das kann man ganz schön studieren, wenn man sich die Nachrichten in der Tageszeitung und jene auf den Onlineseiten derselben Tageszeitung anschaut: Die Onlineseiten werden laufend aktualisiert, bieten allerdings, immer schön paradox, auch die längerfristig abrufbaren und umfangreicheren (also langsameren) Hintergrundnachrichten, ähnlich wie das Radio und das Fernsehen ja sowohl beschleunigen als auch extrem verlangsamen können. Der eine Bericht hetzt über den Globus, der andere verweilt eine Stunde in einem einzigen irakischen Dorf. Beschleunigung, soll das heißen, gelingt nur, indem sie die Leute dazu bringen, die gerade gehörten Nachrichten zu kommentieren und aus diesem Kommentar die nächste Nachricht machen ...

WH: ... heiße Luft im Grunde.

DB: Ja, zur Not macht man daraus, dass man auf eine Nachricht wartet, selbst eine Nachricht. Wir kennen das von der Börse. Hier hat man es mit einer hochgradigen Fluktuation von meist minimalen Bewegungen der Kurse nach oben oder nach unten zu tun. Aber es zeigt sich, dass die Fluktuation die Nachrichten oder die Kurse nicht etwa uninteressant macht, sondern nur umso interessanter. Wir fühlen uns ja nur sicher – darauf haben Sie hingewiesen, Norbert Bolz –, wenn wir uns stündlich in diesen Nachrichtenstrom einklinken können. Und werden vor allem dann unruhig, wenn wir einmal zwei, drei Tage von Zeitungen und Fernsehen abgeschnitten sind.

Und das, obwohl die Zeitungen uns nur sagen, was wir immer schon wussten.

WH: Also: Es geht um einen selbstreferentiellen Informationsbegriff, der durch »Kleinhacken« sein eigenes Tempo steigert, aber in Wirklichkeit wenig neue Informationen produziert.

NB: Ich glaube, es gibt noch eine Technik. Kleinteiligkeit ist sicherlich immer ein probates Mittel. Es gibt aber zudem noch eine reine Zeittechnik, wie ich meine. Diese Zeittechnik besteht darin, dass man unterschiedliche Geschwindigkeiten der Informationsverarbeitung nutzt als Konsument, als Leser, als Zuhörer. Man wird auf der Ebene der Fernsehnachrichten beispielsweise ununterbrochen in Geistesgegenwart trainiert. Die Beschleunigung scheint grenzenlos zu sein, in Form einer dauernden Echtzeitinformation – CNN-Charakter der Weltnachrichten. Da ist nur Geistesgegenwart im Grunde noch in der Lage, mit dieser Fülle an Information fertig zu werden. Aber die gleichen Informationen ...

WH: ... Geistesgegenwart? Des Zuschauers?

NB: Geistesgegenwart insofern, als man ohne Reflexionsprozesse, ohne Prozesse des Nachdenkens ein angemessenes Verhalten oder eine angemessene Stellung zu angebotenen Nachrichten bekommt, also eine Reaktion im Umgang mit Nachrichten, die nicht über langwierige Reflexionsprozesse läuft. Das zweite ist: Die gleichen Leute lesen dieselben Nachrichten ja wieder in ihrer Zeitung, die am nächsten Tag erscheint. Sie lesen dieselben Nachrichten in einem anderen Aggregatzustand, wenn sie den *Focus* oder den *Spiegel* lesen. Und dann lesen sie am Ende über Saddam Hussein auch noch den Artikel von Enzensberger in seinem nächsten Buch. Im Ergebnis haben sie unterschiedliche Rezeptionsgeschwindigkeiten, Lesegeschwindigkeiten für dasselbe Problem. Und ich glaube, Sie nutzen diese Zeitdifferenz, um sich selber in ein Verhältnis zu den Ereignissen zu bringen, auch zu der Frage, was ist wichtig und was ist unwichtig? Nehmen Sie das wunderbar einfache Beispiel: ein Fußballspiel. Ein richtiger Fan geht ins Stadion, guckt sich dann am Abend die Zusammenfassung im Fernsehen an und liest in der Zeitung des nächsten und übernächsten Tages über dieses Spiel noch einmal. Das ist eigentlich faszinierend oder, man würde zugleich sagen, total redundant. Er weiß doch alles schon! Aber er weiß es eben nicht in dem Sinne, dass er es schon komplett verarbeitet hätte, sondern er nutzt die unterschiedlichen Geschwindigkeiten der Darstellung, um sich ins Verhältnis zu setzen. Und das ist, glaube ich, die Möglichkeit, die die Vielzahl der Medien uns eröffnet. Wir sind eben nicht nur Fernsehzuschauer, wir sind nicht nur Internetfreaks, wir sind nicht nur Buchleser, sondern wir sind all das gleichzeitig, und das ermöglicht uns, eine Leistung zu vollbringen, die eigentlich ans Wunderbare grenzt, nämlich mit einer Überfülle an Weltinformation trotzdem erfolgreich umzugehen.

WH: Herr Baecker und Herr Bolz, die Massenmedien haben zumindest in Europa und Amerika enorme Nutzungsdauern. Also, ich glaube, Hörfunk ist so etwas wie drei Stunden in Deutschland führend, in Amerika ist das Fernsehen mit über drei, vier, fünf Stunden führend. Mediennutzung von mindestens einem Viertel ihrer Wachzeit insgesamt. Haben Sie eine These dazu, warum das so ist? Und hätten Sie auch eine These, ob es möglich sein könnte, dass das irgendwann implodiert, dass die Leute einfach sagen, ich mach das nicht mehr? Also, ich will fragen: Was ist die individuelle, die beim Einzelnen liegende Disposition, die offensichtlich dahin führt, dass zu tun?

DB: Schwer zu sagen, weil wir ja beide keine Psychologen sind, aber wenn man darf, würde ich, auch um dem Gespräch mal eine kleine Wendung zu geben, vermuten, dass die individuelle Motivation, den Medien viel Zeit zu widmen, nicht unbedingt darin liegt, schnell und geistesgegenwärtig auf dem Laufenden zu sein, gleichsam mit durch die Zeit zu rasen ...

WH: ... also, so wie Benjamin das mal meinte, im Grunde genommen die Rekordgeschwindigkeit der Industrie zu parallelisieren oder zu skandieren ...

DB: ... sondern das entscheidende Gefühl beim Fernsehschauen, aber manchmal auch beim Zeitungslesen, besteht gerade darin, dass man das Gefühl hat, es mit einer gedehnten Gegenwart zu tun zu bekommen. Wenn ich vor dem Fernsehen sitze, muss ich eben nicht geistesgegenwärtig jedes Bild und jede Information begreifen, sondern ich kann »glotzen«, wie das sehr passende Wort dazu lautet. Ich glotze und ich merke irgendwann, dass ich nicht gemerkt habe, wie zwei Stunden vergangen sind, in denen ich mir irgendeinen Film angeschaut habe, über den ich mich anschließend nur ärgern kann, oder irgendeine Nachrichtensendung geschaut habe, von der ich anschließend gar nicht mehr weiß, was ich gesehen habe. Diese Fähigkeit des Individuums, das Gegenteil der beabsichtigten Mediennutzung zu realisieren, nämlich Langeweile angesichts beschleunigter Information, gedehnte Gegenwart angesichts des hastigen Abspulens von Bildern zu erleben, das heißt mit anderen Worten, »ich« zu sagen, während die Fernsehwelt und die Zeitungswelt sagen: die und die und die und der und das und was auch immer – das scheint mir psychologisch ein gutes Motiv, ein entscheidendes Motiv zu sein. Aber ich hab natürlich nur einen einzigen Fall, an dem ich dieses wirklich belegen kann – das bin ich selbst.

[Gelächter]

NB: Man könnte ja die Frage eigentlich mit Luhmanns Ausgangssatz, von dem wir auch gestartet sind, beantworten. Wenn alles, was wir von der Welt wissen, durch die Massenmedien gesendet worden ist, dann sind die Massenmedien auch die einzige Möglichkeit für uns zu lernen. Und wenn es so ist, dass die Welt immer komplexer wird, woran ja kaum jemand zweifelt, dann wird der Lernbedarf immer größer. Und das würde begründen, warum sich die Menschen immer mehr diesen Massenmedien widmen. Wenn man also mal nicht davon ausgeht, dass die Leute blöd sind, dass sie beim Fernsehen nur verblöden oder bei der Aufnahme von Zeitungen und Zeitschriften nur stupide vor sich hin vegetieren – dann bleibt als Alternative nur: sie lernen. Die Frage ist dann nur, ob wir bereit sind, etwas als Lernen zu akzeptieren, was mit schulischem oder universitärem Lernen nun wirklich nichts zu tun hat.

WH: Was wäre das für ein Lernen?

NB: Wenn man beispielweise einen dieser schrecklichen Filme anschaut, von denen Dirk Baecker gerade gesprochen hat, dann lernt man da sehr wohl. Man lernt beispielsweise, wie es in Manhattan aussieht. Man lernt, wie man mit Frauen umgehen könnte. Man lernt, wie man mit seinem Chef sprechen könnte. Man lernt, wie man in bestimmten konkreten Situationen sich verhalten kann oder auch nicht, wie man sich lächerlich macht oder auch nicht, wie weit das Piercing gehen kann oder auch nicht. Und solches habituelle oder behaviouristische Lernen wird, glaube ich, immer wichtiger, also die Anpassung des Menschen an eine extrem moderne Umwelt und zwar eines Menschen, der, wenn man das sagen darf, halt doch auch immer noch, wie soll man das sagen, der alte Jäger ist, der Steinzeitmensch in seiner inneren Ausstattung. Diese unglaubliche Anpassungsleistung, die wird im Grunde erbracht mit Hilfe der Massenmedien, so dass ich persönlich gar keine Angst vor dem schlechten Programm habe. So schlecht kann das Programm gar nicht sein, dass es dieses behaviourelle Lernen nicht doch noch irgendwie praktizieren würde. Also, man lernt nichts, wenn Sie so wollen, Abfragbares für *Wer wird Millionär?*, sondern man lernt, wie man in der Welt sich verhalten kann oder verhalten soll oder, vor allen Dingen, mit welcher Meinung man sich in der Öffentlichkeit blicken lassen kann und mit welcher nicht. Also das, was Elisabeth Noelle-Neumann*, die leider Gottes zu sehr mit der CDU verheiratet war, als dass man sie noch ernst genommen hätte, schon vor

---

* Elisabeth Noelle-Neumann (geb. 1916), Meinungsforscherin, Gründerin des ersten deutschen Meinungsforschungsinstituts.

Jahrzehnten unter dem Begriff *Schweigespirale* diskutiert hat, ist ein sehr wesentlicher Faktor. Da geht es um Isolationsangst: Mit welchen Meinungen kann ich in Kommunikationszusammenhänge eintreten? Das machen mir die Massenmedien klar. Du kannst sehr viele Meinungen haben, aber doch bitte nur in diesem Spektrum und in diesem Horizont. Und das ist natürlich unschätzbar für die Verhaltenssicherheit der Menschen.

DB: Das leuchtet mir sehr ein. Ich würde es, um es als Frage noch einmal an Dich zurückzuspielen, versuchen auf die Formel zu bringen: Man lernt vor dem Fernseher, man lernt beim Zeitunglesen, um nicht zu lernen.

NB: Richtig, sehr gut, wunderbare Formulierung!

DB: Das heißt, man checkt dauernd die Wirklichkeit ab, in der man sich bewegen muss. Man vergleicht dauernd das, was man noch nie gesehen hat, mit dem, was man immer schon wusste, und denkt sich auch natürlich dauernd selbst, wenn man irgendwelche finsteren Bilder einer dunklen Straße in Brooklyn sieht, dass man das schon mal gesehen hat, und man hat's ja auch schon einmal gesehen, in einem anderen Film nämlich, und bestätigt sich auf die Art und Weise, dass man mittendrin ist, in einer voll und ganz verstandenen, begriffenen Welt, die keine Fragen mehr aufwirft, weil man sie selbst für sich zumindest alle schon beantwortet hat und nichts Neues lernen muss.

NB: Richtig.

WH: Aber zugleich funktionieren, sagt ja auch Luhmann, die Massenmedien vor allen Dingen über Moralisierung und über Skandalisierung. Das heißt, es wird dauernd angeprangert, dass jemand sich so oder anders hätte verhalten sollen, falsch oder verdächtig verhalten hat.

DB: Das ist ja der Beleg schlechthin dessen, was ich meine. Moralisierung und Skandalisierung bestätigen mir mein finsteres Bild von meinen Zeitgenossen.

WH: Irgendwann aber merkt man den Trick. Beispiel Harald Schmidt, der mit der Metaebene spielt, in der das Medium sich selber konstruiert, die Tricks offen legt, mit denen das Medium arbeitet. Das sind dann seine Spielmittel. Frage: Wie lange braucht eine Gesellschaft, um die Mechanismen zu durchschauen, mit denen die Massenmedien funktionieren?

DB: Das Durchschauen ändert am Genuss am Durchschauten überhaupt nichts.

WH: Aber irgendwann wird die Sache fade.

DB: Man genießt beides. Man genießt, wie ein Film einen wieder einmal wunderbar hinters Licht führt. Das ist zum Beispiel an *Tatort*-Filmen mit ihren hochkomplizierten Drehbüchern manchmal sehr gut zu studieren. Und man fragt sich, was um Himmelswillen ist dem Drehbuchschreiber jetzt wieder durch den Kopf gegangen, als er diese Figur dieses dort sagen lässt. Man durchschaut den Effekt, und trotzdem schaut man gebannt, schaue zumindest ich gebannt der Entwicklung desselben *Tatortes* zu.

NB: Ich glaube aber, was Wolfgang Hagen sagt, ist wirklich eine spannende und für mich noch offene Frage. Nämlich, ob, wie soll man sagen, die Selbstironie des Zuschauers nicht mal ein Niveau erreichen kann, das zumindest die platte »political correctness« der Mitteilungen in den Massenmedien unmöglich macht. Ich neige aber auch zur Dirk Baecker'schen Perspektive und zwar aus einem simplen Grund. Der Zauber dessen, was die Massenmedien oft genug anbieten, ist ja neben der Moralisierung als dem Plattschlagen der Komplexität dies, dass sie Geschichten erzählen. Also, es geht immer um »*people people people*« und ihre »*stories*«. Und der Zauber einer Geschichte ist einfach der, dass man ihr nicht widerstehen kann. Also, auch wenn man gegen die transportierten »*messages*«, die Inhalte, kognitiven Widerstand anmelden würde, wenn man also danach darüber nachdenkt, sagt man: Das war ja wieder der komplette Wahnsinn, aber im Zug der Erzählung ist man hingerissen. Also, das Geschichteerzählen hat eine eigene Sogwirkung und man will sich ja auch diesem Sog aussetzen. Huizinga hat mal in seinem schönen Buch *Homo ludens* den Satz geprägt: Man will der Betrogene sein. Und ich glaube, das gilt für alle, die sich einen Hollywoodfilm oder überhaupt, die sich irgendein Entertainmentangebot einverleiben. Man will betrogen werden. Und ich glaube, nichts ist irriger als die Vorstellung, dass Massenmedien von den Zuschauern primär als Organe der Aufklärung wahrgenommen werden.

WH: Aber so ist ihr Selbstverständnis nach außen hin. Jeder Journalist würde das sofort unterschreiben. Bleibt die Frage: Wie lernfähig sind denn die Massenmedien selbst? Wenn man Nachrichtensendungen in Amerika

---

* Johan Huizinga: »Homo ludens. Vom Ursprung der Kultur im Spiel«, 1954.

anschaut, so stellt man fest, dass deren Verarbeitungsfähigkeit von Nachrichten außerhalb einer bestimmten Hemisphäre, nämlich der, in der Amerikaner eine Rolle spielen, gleich null ist. Wenn wir unsere Nachrichtenlagen anschauen, dann sehen wir, dass es einen Kontinent gibt, über den wir praktisch nie etwas hören, und der heißt Afrika. Also, wenn Welt nur das ist, was wir durch die Massenmedien wissen, dann schnurrt diese Welt in Regionen zusammen, die uns interessieren, und andere Regionen fallen hintenrüber. Nun leben dort aber auch Menschen, und es gibt von dort mehr als Wissenswertes zu berichten. Nur das tun die meisten Medien nicht. Wie gehen wir mit diesen Selektionen um?

DB: Ich denke, dass man die Ideologie der Information, der die Massenmedien selber aufsitzen, von der Mythologie der Welt unterscheiden muss, die die Fernsehzuschauer und die Zeitungsleser genießen. Wenn man der Ideologie folgt, dann müsste man sagen: All das, was wissenswert ist, muss auch irgendwann berichtet werden. Dabei bleibt die Frage, »Wem denn berichtet?«, völlig offen – wenn sie nicht sofort beantwortet wird: Wir berichten uns selbst, und der beste Zuhörer des aufgeklärten Redakteurs ist sein Kollege, ein anderer Redakteur, der ihm zu seiner Sendung gratuliert. Nun wissen wir aber alle, dass die Massenmedien nicht wirklich so funktionieren, sondern, dass sie die Schleife machen über die Frage nach der Mythologie der Welt, die diejenige der Benutzer der Massenmedien ist. Und da ist die einfache und traurige Aussage die, dass zur Bewältigung meiner täglichen Unsicherheit als Zeitungsleser und Fernsehzuschauer eine Information über die Frage, was im Kongo gegenwärtig vor sich geht, nicht wirklich hilfreich ist. Ich muss wissen, was geht im Irak vor, was geht in Washington vor und was passiert gegenwärtig in Düsseldorf, aber ich muss nichts über den Kongo wissen, so traurig es ist und so sehr, wenn ich erfahren würde, was dort gerade geschieht, möglicherweise mein Weltbild korrigiert würde. Es könnte schon sein, dass ich etwas lerne, aber ich will es nicht lernen. Oder besser gesagt: Ich will es nur in genau dem Ausmaß lernen, in dem es in meine Mythologie der Welt hineinpasst. Deswegen bietet jede Nachricht, jede Werbung, jede Unterhaltung in den Massenmedien dieses gespaltene Bild, eine Ideologie des Lernen- und Wissenwollens ebenso bedienen zu müssen wie die Mythologie der von uns immer schon und vollständig konstruierten Welt.

NB: Können wir an der Frage nicht einmal eine Selbstanwendung der schönen Theorie, über die wir diskutieren, probieren? Wolfgang Hagen moniert, die Massenmedien würden nicht über Afrika berichten. Dabei gäbe es doch so unendlich viel Wissenswertes über Afrika zu berichten. Frage zurück an Wolfgang Hagen: Woher wissen Sie, dass es etwas Wissenswertes in Afrika gibt? Woher wissen Sie's? – höchstwahrscheinlich durch die Massenmedien. Also scheint es doch irgendwelche Berichte über Afrika zu geben, vielleicht in irgendwelchen Special-Interest-Magazinen oder politischen Magazinen oder linken Magazinen oder was auch immer. Aber auf jeden Fall sind es Massenmedien, aus denen Sie Ihr Wissen haben, und seien es auch nur Bücher.

DB: Früher waren es die Kirchenzeitungen, die über Afrika berichtet haben.

NB: Richtig. Das heißt also, überall da, wo sich der Protest regt gegen die Kultur der Massenmedien und ihr Weltbild, ist dieser Protest natürlich von nichts anderem befeuert als von dem Wissen der Massenmedien selbst. Das gilt auch für *Attac*, das gilt auch für die Protestbewegungen, das gilt für die Jugendbewegungen, alle die, die einen Totalitätsverdacht gegenüber dieser Konstruktion der Realität in den Massenmedien haben. Denken Sie an Berlusconi, das ist doch ein wunderbares Beispiel. Berlusconi unterdrückt die Pressefreiheit in Italien. Man muss sich nur fragen: Woher wisst ihr das? Offensichtlich scheint es irgendwelche Medien zu geben, die doch noch über Italien anders berichten, als Berlusconi es lieb ist. Also, so leicht entkommt man dieser raffinierten Konstruktion von Luhmann nicht. Und das bestätigt vielleicht auch die alte Hegel'sche Vorstellung, dass tatsächlich nur das, was in Freiheit kommuniziert wird, Eingang findet in die Geschichte. Also, bei Hegel ist der Schwarze Kontinent ja auch ein, wie soll man sagen, als Geschichtsbuch weiß gebliebener Kontinent. Und auch Hegel sagt explizit, Afrika kommt in der Weltgeschichte nicht vor. Es geschieht dort einfach nichts. Und da ist wieder Dirk Baeckers Argument, das uns weithilft: Es gibt einfach keinen Bezug dazu. Das würde sich schlagartig ändern, wenn irgendeine Guerillagruppe aus dem Kongo mit Anschlägen in Mitteleuropa sich artikulieren würde.

WH: Also, ist das nicht auch eine Farce? Sie sprachen von Ideologie und Mythologie, Ideologie der Massenmedien und Mythologie der Welt, die über die Massenmedien produziert wird. Das hat am Ende doch auch mit Macht-hemisphären zu tun, oder? Mythologie und Machthemis-phären hängen zusammen. Wir berichten deswegen über Irak, weil wir in einem System leben, im Politischen, in dem der Irak sozusagen einen ganz bestimmten Stellenwert nachrichtlich und politisch hat. Würden wir in einem anderen System leben und damit andere Massenmedien haben, würde der Irak ganz anders dastehen und würde möglicherweise in der Tat die eine oder andere Befreiungs-bewegung, die es nach wie vor in Afrika natürlich gibt und über die wir so gut wie nichts erfahren, im Mittelpunkt stehen. Das heißt also, Mythologie, Ideologie und Macht spielen hier eine nicht unwesentliche Rolle. Oder sehen Sie das ganz anders, Dirk Baecker?

DB: Sie wissen ja, sonst würden Sie die Frage nicht stellen, dass die Frage nach der Macht für einen Soziologen immer etwas unangenehm ist. Er hat immer das Gefühl, jetzt wird's protosoziologisch, jetzt wird's ganz einfach und übersichtlich. Als Soziologe hat man immer das Gefühl, dass die Leute dann anfangen, von Macht zu reden, wenn Sie der Komplexität von Effekten, wie Norbert Bolz sie gerade geschildert hat, nicht mehr Herr werden und sich sagen, da muss doch irgendjemand dahinter stecken, der irgendeine Absicht verfolgt – Berlusconi zum Beispiel – und uns etwas genauso wissen lassen möchte, wie wir es dann doch nicht wissen, weil wir ja die Absicht mitbeobachten und über den Begriff der Macht nicht zuletzt auch deswe-gen verfügen, um jeder Macht gleich wieder Paroli bieten zu können. Natürlich gibt es in dieser Gesellschaft Macht. Und natürlich gibt es Macht in Rundfunkanstalten und

Macht in politischen Parteien und Macht in militärischen Einrichtungen und sogar Macht in Universitäten, wie ich mir habe sagen lassen. Aber dass diese sich zu einem globalen Effekt aufagreggieren lässt, der dann ein »empire«, ein Imperium zu beschreiben erlaubt, das ist, glaube ich, Teil der Mythologie jener Welt, in der die Benutzer von Massenmedien zu Hause sind.

NB: Ich sehe das eigentlich ähnlich. Allerdings, glaube ich, gehört es auch zu den Kosten der schönen Luhmann'schen Massenmedientheorie, dass sie vielleicht doch ein bisschen blauäugig ist, was die Möglichkeiten konkreter Manipulation, und das wäre ja Machtausübung im Sinn von Wolfgang Hagen, betrifft. Ich habe mich gerade in letzter Zeit beschäftigt mit den Analysen von Kepplinger*, und die Mainzer Schule steht ja Luhmann gar nicht so furchtbar fern. Kepplinger ist, wie würde Dirk Baecker sagen, eher Protosoziologe; also, macht die ganze Sache viel unmittelbarer und naiver und weist sehr schön nach, wie ganz konkrete Journalisten Meinungen in der Bundesrepublik Deutschland gemacht haben und bis zum heutigen Tag machen, welche Techniken sie dabei benutzen, dass es offensichtlich auch so eine Art großes Bündnis deutscher Journalisten gibt, die also sehr stark meinungsaffin operieren, dass da einige Informationen zugelassen werden in Richtung Skandalisierbarkeit und andere mögliche Skandale als solche gar nicht hochkommen. Das ist so, im Groben gesprochen, Kepplingers Zugriff. Ich finde, da trifft diese Mainzer Schule etwas, was bei Luhmann

---

* Hans Mathias Kepplinger (geb. 1943), Kommunikationswissenschaftler.

ein bisschen unterbelichtet bleibt. Bei Luhmann ist das ja gerade die polemische oder eine seiner wunderbaren polemischen Pointen zu sagen: Manipulation ist ein Fehlbegriff. Wenn ihr mit Manipulation an die Massenmedien herangeht, verdeckt ihr gerade das wesentliche Funktionieren. Aber so richtig mir diese Analyse von Luhmann scheint, es lässt sich andererseits auch mit Händen greifen, dass selbstverständlich bestimmte Verleger in machtvollen Positionen, aber eben auch, wie soll man sagen, Generationenbanden von Journalisten sehr wohl ein bestimmtes Meinungsklima prägen können. Stichwort wäre tatsächlich »political correctness«. Für mich sind die Massenmedien das wesentliche Organ der »political correctness«, in Deutschland genauso wie in Amerika und wie in anderen Ländern auch. Und das ist natürlich schon ein bisschen mehr als eine Konstruktion von Wirklichkeit neben anderen. Denn es fällt, finde ich, schwerer denn je – das ist etwas, worüber ich sehr sehr gerne mal arbeiten würde und auch andere Meinungen hören würde –, eine ernsthaft von der »political correctness« abweichende Meinung in Deutschland zu vertreten. Man isoliert sich wahnsinnig schnell. Denken Sie nur an die Fälle, die wir haben, regelmäßig, wenn es um Juden geht. Es ist fast unmöglich, hier eine abweichende Meinung zu vertreten, ohne die eigene Karriere zu ruinieren. Also, wir haben es mit beidem gleichzeitig zu tun. Ich würde sagen, auf der einen Seite haben wir einen Pluralismus der Weltkonstruktion in den Medien wie nie zuvor, eine unglaubliche Fülle der Zugriffsmöglichkeiten. Wer will, kann sich wirklich ein ziemlich unabhängiges Bild von der Welt machen, und wer weiß, wie man Zugriffe auch tatsächlich tätigt. Aber de facto haben wir natürlich auch eine Art öffentliche Meinung, die in eine ganz bestimmte politische Richtung hergerichtet wird.

WH: Das ist ja in Amerika noch deutlicher.

NB: Viel extremer noch, aber es ist in Deutschland doch evidentermaßen der Fall. Und das wird von uns nur deshalb nicht so wahrgenommen, weil uns diese Richtung doch politisch sympathisch ist.

DB: Wahrscheinlich gibt es irgendwann einen Kurzschluss zwischen der Ideologie der Massenmedien und der Mythologie der Welt, in der Art, dass die Ideologie der Massenmedien selbst natürlich teilhat an dem, was man von der Welt wissen möchte und was man sich über die Welt zu sagen getraut, so dass es eine Art von Koalition und Allianz in Bezug auf die Themen und auf die Tonfälle gibt, mit denen die Themen bewegt werden. Es ist meines Erachtens zum Beispiel zu sehen, dass in der Bundesrepublik Deutschland das Thema der Juden, das Thema der Nationalsozialisten sowohl von den Lesern wie auch von den Redakteuren und Schreibern und Fernsehmachern auf eine ganz bestimmte, politisch hochgradig durchdachte und dann eben in diesem Sinne auch korrekte Art und Weise nur bewegt werden kann, weil man weiß, wie man es vermeidet, hier einen Fehler zu machen. Trotzdem wissen Schreiber wie Leser, um welche Wirklichkeit einer anderen Erinnerung, einer anderen politischen Meinung sie dauernd herumschreiben und herumlesen und wie das Schweigen zu deuten ist, das zu manchen Themen bedeutsamer ist als jede Thematisierung.

NB: Also, insofern stimmt diese reine Agenda-Setting-These nicht, die auch Luhmann ja vertritt, dass die Massenmedien nicht Meinungen machen, sondern Themen setzen, und dass man dann zu diesen und zwar nur zu diesen Themen beliebige Meinungen haben kann. Das klingt zwar wunderbar, und das ist auch wichtig, mal in diese Richtung zu denken, aber es bleibt doch ein bisschen hinter unserer Medienwirklichkeit zurück.

WH: Gut, aber da könnte man mit Luhmann wiederum helfen. Denn es geht ja darum, dass die Massenmedien die Irritierbarkeit der Gesellschaft fördern und auch dies auch zu bezeugen haben. Irritierbarkeit und Hysterisierung aber hängen nun einmal miteinander zusammen, denn man kann so irritiert sein, dass man hysterisch wird, und das führt dann zu allen möglichen gewollten oder ungewollten politischen Kurzschlüssen und Tabuisierungen, die dann favorisiert werden.

Zum Schluss aber noch ein anderes Thema, weil hier ein Medienwissenschaftler und ein Soziologe zusammensitzen. Ein Soziologe hätte professionelles Wissen von der Gesellschaft zu verhandeln und der Medienwissenschaftler alles über die Medien zu wissen. Nun lesen wir bei Luhmann – noch einmal –, dass das Einzige, was wir über Gesellschaft soziologisch wissen, gerade über die Medien läuft. Also, was sollen wir jetzt abschaffen: die Soziologie oder die Medienwissenschaft? Oder sollen wir die Medienwissenschaft Soziologie nennen?

DB: Wir brauchen interessanterweise beides. Wir brauchen die Soziologie, weil die Medienwissenschaften inklusive der Medien von der Gesellschaft nichts wissen. Gesellschaft ist eine Rubrik, die auch in Zeitungen vorkommt, und Sie wissen genau, was für Nachrichten da vorkommen. Das ist nicht identisch mit dem, was eine Soziologie von Gesellschaft als dem umfassenden System aller Kommunikation zu berichten vermag. Andererseits brauchen wir eine Medienwissenschaft, die in der Lage ist, zum Beispiel die Selbstwahrnehmung von Medien so ernst zu nehmen, dass man daraufhin die Produktion einzelner Nachrichten beobachten kann. Kein Soziologe ist so willig, sich auf die Details der Produktion, um nicht zu sagen die Details der Kapitalverwertung, also der Informationsverwertung innerhalb der Medien einzulassen, wie das ein Medienwissenschaftler tut, so dass man hier, wie so oft, zwei Perspektiven hat, nämlich die Außenperspektive – was kann man als Soziologe über Medien sagen, wenn man gleichzeitig sieht, dass in dieser Gesellschaft auch eine Wissenschaft existiert, erzogen wird, Sport gemacht wird und dieses und jenes getrieben wird – und die Innenperspektive –, was kann man als Medienwissenschaftler über Medien sagen, wenn man diesen Zwang zum Vergleich des einen Phänomens mit anderen Phänomenen nicht hat, sondern die Medien beim Wort nehmen muss.

WH: Aber es kann doch nicht die Gesellschaft selbst ein Objekt von Wissenschaft sein, soviel habe ich von Luhmann gelernt. Es gibt keinen Beobachtungsposten außerhalb der Gesellschaft, um die Gesellschaft zu beobachten. Und wenn Luhmann recht hat, dass alles, was wir wissen – ich bleibe dabei –. wir über Massenmedien wissen, ja, welchen Beobachtungsort hat dann die Soziologie?

DB: Wenn ich mich recht erinnere, dann ist die Aussage die, dass wir über die Gesellschaft nur etwas in der Gesellschaft wissen können. Dazu braucht man das raffinierte und erkenntnistheoretisch problematische Wissen der Soziologie, den Sprung in eine bestimmte Paradoxie hinein, die darauf hinausläuft zu sagen: Wenn wir mitten in der Gesellschaft sitzen und zur Kenntnis nehmen, dass es eine kleine Ecke ist, in der wir in der Gesellschaft sitzen, nämlich die Universität, eine Institution von vielen anderen, in dieser Universität eine Fakultät, eine von vielen anderen Fakultäten und in dieser Fakultät ein Lehrstuhl für Gesellschaftstheorie, einer von vielen andern Lehrstühlen, dann ist das eine winzig kleine Nische, aus der diese Maus, die Soziologie mitten in ihrem Labyrinth sich einen Begriff vom gesamten Labyrinth zu machen versucht. Der Soziologe, der Gesellschaftstheoretiker sagt: Dies ist meine Leistung. Ich versuche, aus den wenigen Informationen, die ich aus den Massenmedien, aus meiner Selbsterfahrung, von meinen Sportfreunden und nicht zuletzt aus der Lektüre von Büchern, über die Massenmedien zugänglich oder nicht, eine Information über dieses merkwürdige Phänomen zu entwickeln, dass sozial nie etwas aufhört, ohne dass etwas anderes anfängt. Ich beende gleich dieses Gespräch, Sie beenden gleich dieses Gespräch. Ich gehe durch den Schöneberger Volkspark, komme nach Hause und kann sicher sein, dass ich dort weiterreden kann, das heißt, dass ich dort irgendeine Form von Gesellschaft vorfinde. Ich stelle das Fernsehen an und dort wird gesprochen, gezeigt, gesungen, gelitten und genossen. Dieses Faktum ist gemeint, dieses Faktum, dass wir aus dem Kommunizieren nicht herausfallen können, ohne nicht wieder in einem anderen Kommunizieren zu landen. Es ist ja kein Supersystem, keine Riesenkäseglocke, die man sich als Gesellschaft vorstellt, sondern diese Fortsetzbarkeit von Kommunikation unter laufend verschobenen, laufend veränderten Kontexten. Die Massenmedien sind eine bestimmte Schleife in der Kommunikation von Gesellschaft, und die Wissenschaft oder der Sport und die Politik, die Religion sind eine andere Schleife.

NB: Trotzdem bleibt bei Luhmann die Frage letztlich ungelöst nach dem Ort, von dem aus Soziologie betrieben wird. Konkret wäre das natürlich eine Bibliothek. Was machen Soziologen anderes als Bücher über andere Bücher zu schreiben. Und bei Luhmann ist das ja tatsächlich auch mal zum Thema geworden. Er hat sich ja mal überlegt, was es mit der Selbstverständlichkeit dieses Bücherschreibens über Bücher auf sich hat, als Grundlage einer Wissenschaft. Und es gibt ja Alternativen dazu. Luhmann ist berühmt geworden dadurch, dass er als ein Ein-Mann-Unternehmen 25 Jahre lang Gesellschaftstheorie betrieben hat. Es gäbe Alternativen dazu. Man könnte in einem Team arbeiten. Man könnte in einem Projekt arbeiten mit vielen andern. Man könnte Feldforschung machen und ähnliches mehr, alles Dinge, die mich persönlich nicht interessieren. Ich finde Luhmanns Lösung sympathischer. Aber es ist vollkommen klar, es hat auch eine gewisse Willkür zu sagen: Ich mache ein Ein-Mann-Unternehmen »Theorie der Gesellschaft« und zwar mit Hilfe von Büchern, die über Bücher verfasst sind. Da ist angesichts der neuen Medien natürlich schon die Frage, ob diese Selbstverständlichkeit auf Dauer haltbar ist. Und Luhmann hat ja viele Überlegungen zum sogenannten Theoriedesign angestellt, also wie sind Theorien heute sinnvoll zu bauen, zu gestalten, dass sie der Gegenwart überhaupt gewachsen sind.

Aber vielleicht doch noch einmal zu der Frage, Verhältnis Medienwissenschaft/Soziologie. Bevor man sich überlegt, wer wen auffrisst, könnte man natürlich auch überlegen: Wo treffen sie sich? Und wenn ich recht sehe, treffen sie sich im Konzept der Kommunikation. Die Luhmann'sche Soziologie hat ganz auf Kommunikation umgestellt und das ist das, was für die Medientheorie, glaube ich, die große Alternative ist zu einem rein technizistischen Ansatz. Der bedeutendste deutsche Medienwissenschaftler, Friedrich Kittler, hier in Berlin lehrend, ist stolz darauf, mit dem Begriff Gesellschaft nichts anfangen zu können, nicht zu wissen, was Gesellschaft ist. Das ist natürlich ein polemischer Stolz, aber er macht klar, dass materialistische, technizistische Medienwissenschaft zwar sehr elaboriert sein kann, aber bewusst auch keine Brücke baut zur Soziologie. Soll es also eine Diskussion geben, wie wir sie versucht haben, dann kann sie meines Erachtens nur über das Konzept der Kommunikation laufen. Das ist der gemeinsame Bogen. Und für meine Begriffe wäre eine Medienwissenschaft gut beraten, sich auch in diese Richtung zu orientieren. Dann müsste sie nicht traurige und schäbige Anleihen bei Soziologen machen und versuchen Laiensoziologie zu betreiben, sondern könnte ihre eigene Kompetenz einbringen in die Klärung der Frage, wie hält Kommunikation Gesellschaft zusammen.

WH: Und dennoch beobachten wir: Die Soziologie und die Medienwissenschaft laufen den Medien, also ihrem eigenen Gegenstand, stets hinterher, der irgendwie stets voraus ist. Man kann auch den Weg nicht bestimmen. Man wird auch nicht wissen, wohin das führt. Einverstanden?

DB: Das ist völlig richtig. Es war mal anders. Da sind die Medienwissenschaften, nein nicht die Medienwissenschaften, sondern die Medien der Soziologie hinterhergelaufen. Es gab diese soziologisch explodierenden fünfziger und sechziger Jahre, in denen ein soziologischer Fachartikel, ein soziologisches Fachbuch nach dem nächsten publiziert wurde und innerhalb von zwanzig Jahren eine Fülle von brisantem Wissen über Gerichte, über Schulen, über politische Entscheidungen, über Macht und alles mögliche produziert wurde, was man vorher nicht zu träumen gewagt hätte. Wir haben dann weitere zwanzig Jahre, die siebziger und die achtziger Jahre, damit verbracht, zu beobachten, wie die Massenmedien all dies aufgearbeitet haben. Gegenwärtig kann man ja sagen, dass in allen Redaktionen von Tageszeitungen ebenso wie von Fernsehanstalten kleine Soziologen sitzen, die gar nicht mehr wissen, dass das, was sie wissen, mal von großen und kleinen Soziologen in den fünfziger und sechziger Jahren erarbeitet worden ist. Die Soziologie hat ihrer eigenen Verarbeitung, um nicht zu sagen: Diskontierung, in den Massenmedien gegenwärtig nichts entgegenzusetzen. Sie ist verstummt. Sie ist zaghaft geworden. Sie ist klein und hässlich geworden wie die Theologie, von der Walter Benjamin gesprochen hat. Und ich bin gespannt, wie sie aus dieser möglicherweise selbst gebauten Falle – denn sie hat nicht gemerkt, wie großartig sie einmal war, und auch nicht gemerkt, wie sie diese Eigenschaft verlor – wieder herauskommt.

WH: Das hört sich fast so an, Dirk Baecker, als würden Sie sagen, die Massenmedien hätten die Frage der Soziologie, nämlich, »was ist das für eine Gesellschaft, in der wir leben«, aufgenommen und würden sie beantworten. Da habe ich Zweifel. In Amerika wird die Frage sicherlich gestellt: »Was ist das für eine Nation, in der wir leben?« Und die wird ununterbrochen skandiert. Können wir aber sicher sein, dass die Massenmedien diese Frage hierzulande überhaupt stellen? Schaffen sie nicht die Frage eher ab?

NB: Die Massenmedien sind natürlich ein Konkurrenzunternehmen zur Soziologie, oder sagen wir einmal, die Soziologie ist ein kleines Konkurrenzunternehmen zu den Massenmedien. Und natürlich ist es für die Massenmedien viel plausibler, die moderne Gesellschaft als Nation, als kämpferische Nation, als bedrohte Nation oder was auch immer zu zeichnen. Warum? Weil man dann ein Identitätsangebot machen kann, weil man Personen nennen kann. Es sind »people« involviert, mit ihren »stories«, mit ihren Geschichten, die aufregen und die enthusiasmieren, während die Soziologie natürlich nur die trockene Komplexitätstheorie zu bieten hat, irgendetwas von Ausdifferenzierung erzählt, was kein Mensch versteht. Das heißt also, sie beschreiben Gesellschaft aus zwei vollkommen unterschiedlichen Perspektiven, aber die Soziologie hat eingesehen, und ich finde, das ist ihr gar nicht hoch genug anzurechnen, dass auch ihre Beschreibung nur eine Beschreibung von vielen möglichen ist. Also, wenn wir uns als Wissenschaftler natürlich sofort geneigt zeigen,

soziologisch Gesellschaft zu betrachten, auch Nichtsozio-
logen sind dazu natürlich am ehesten geneigt, muss man
doch einsehen, dass alternative Beschreibungen genauso
möglich sind. Wenn man an die Protestbewegung wie *Attac*
denkt, die haben ein vollkommen anderes Bild von der
Gesellschaft, und es wäre nun wirklich hybrid zu sagen,
die sollen erst mal Soziologie lernen. Also, wir haben es
mit konkurrierenden Beschreibungen der modernen Gesellschaft zu tun. Und was man leisten kann, ist im Grunde
genommen nur eine Transparenz dieser Konkurrenz zu
erreichen. Und darin sind wir vielleicht den Massenmedien
als Wissenschaftler ein bisschen überlegen, dass wir wohl
begreifen, wie die Massenmedien funktionieren, aber die
Massenmedien nicht unbedingt begreifen, wie die Wissenschaftler Gesellschaft präsentieren. Also, wir haben doch
eine gewisse Metaebene erreicht, aber dafür zahlen wir
den Preis der Unverständlichkeit.

WH: Danke für das Gespräch.

DB: War ein Vergnügen.

WH: Haben wir etwas Wesentliches ausgelassen?

DB: Bestimmt! [Gelächter]